Königs Erläuterungen Spezia

American Beauty

von Stefan Munaretto

Bange Verlag

Über den Autor dieser Erläuterung:

Stefan Munaretto wurde 1955 geboren. Er unterrichtet Deutsch und Englisch an einem Gymnasium in Braunschweig und lebt mit seiner Familie in Wolfenbüttel. Als Autor von Interpretationen und Lernhilfen zur Literatur und zum Film hat er mehrere Artikel und Bücher veröffentlicht.

1. Auflage 2010
ISBN: 978-3-8044-3100-3

Druck und Weiterverarbeitung: Tiskárna Akcent, Vimperk

Vorwort

Für den Satz „... look closer", der auf den Plakaten für *American Beauty* steht und der vom aufmerksamen Zuschauer auch im Film selbst entdeckt werden kann, gibt es zwei Gründe. Zunächst verhilft die Lust am genauen Hinsehen dem Betrachter zu einer großen Vielfalt von faszinierenden Beobachtungen an diesem erzähltechnisch, visuell und schauspielerisch so komplexen Werk. Über die künstlerische Qualität des 1999 in den USA uraufgeführten Films *American Beauty* (Deutschland: 2000) bestehen wenig Zweifel, die Beurteilung bei Publikum und Kritikern war in der überwiegenden Zahl der Fälle positiv bis überschwänglich: „A brilliant, exhilarating piece of filmmaking" hieß es im *Austin Chronicle*, „a triumph of acting, writing and directing that defies glib description" schrieb der *Rolling Stone*, und für die *New York Post* war es „a flat-out masterpiece, surely the best movie of the year; indeed, an all-time classic"[1]. An dieser Einschätzung hat sich wenig verändert. Obwohl der Film mit den Mitteln des Independent-Kinos arbeitet, beeinflusst er bis heute die Art, wie in Hollywood produziert wird. Der zweite Grund für den Appell „... look closer" ist die Überzeugung von Drehbuchautor Alan Ball und Regisseur Sam Mendes, dass der Mensch selbst inmitten der materialistischen, konsumdominierten Welt von heute intensive und sinnschaffende, auch transzendente Erfahrungen machen kann – wenn er eben die Gabe des genauen und geduldigen Sehens entwickelt. Das Erstaunliche ist, dass *American Beauty* dies gelingt, ohne auch nur entfernt in den Verdacht esoterischer Geheimnistuerei oder Selbstverwirklichung zu geraten. Der Film bleibt immer der Realität verbunden, weil er die Ursachen für das Leiden der Figuren nie

1 Vgl. http://www.metacritic.com/video/titles/americanbeauty?q=American%20beauty (Stand Oktober 2009)

aus dem Auge verliert und immer wieder eine Gesellschaft demaskiert, in welcher der schöne Schein die Wahrheit verdrängt und das egoistische Interesse die Werte der Gemeinschaft.

1. Entstehung

Eine Produktion mit Risiken

American Beauty ist eine Produktion aus Steven Spielbergs DreamWorks-Studio, das 1998 die Rechte an Alan Balls Drehbuch (mit dem ursprünglichen Titel *American Rose*) gekauft hatte.[2] Spielberg ging damit ein Wagnis ein, denn immerhin werden darin zentrale Mythen und Werte der US-amerikanischen Nation infrage gestellt: Erfolg und Wohlstand, das Eigenheim in der Vorstadt, im Grunde der gesamte American Dream in der rein materialistischen Form, die er am Ende des 20. Jahrhunderts angenommen hat. Die Menschen in Balls Geschichte jagen einem Trugbild nach, während die Gesellschaft und die Familien um sie herum zerfallen. Auch der Genre-Mix aus Schwarzer Komödie, Liebesfilm, Thriller und „Suburban angst" bewegt sich fernab des Mainstream. Spielberg bewies zusätzlich Mut, aber auch einen guten Instinkt, als er einen Neuling im Filmgeschäft mit der Regie beauftragte: Sam Mendes galt zwar um die Jahrtausendwende als das Regie-Wunderkind des Londoner Theaters, hatte aber noch niemals einen Film gedreht. Außerdem schien er als Engländer nicht unbedingt die natürliche Wahl für einen Film mit einer sehr amerikanischen Thematik zu sein. Spielberg war aber schon länger von Mendes' Talent überzeugt, seit er dessen Versionen der Musicals *Oliver!* und *Cabaret* auf der Bühne gesehen hatte. Das Risiko wurde gemindert, weil für *American Beauty* nur ein knappes Budget von 12,5 Millionen Dollar vorgesehen war. Im September 1999 ging der Film mit lediglich sechzehn Kopien vor

2 Zahlreiche Informationen in diesem Abschnitt stammen aus jeweils einem journalistischen Porträt des Regisseurs und des Kameramannes. Die Artikel erschienen im Januar 2000 bzw. im Mai 2001 und sind noch im Internet verfügbar (Stand Oktober 2009): Fenshawe, Simon: *Sam Smiles*. http://www.guardian.co.uk/film/2000/jan/22/features.weekend und Geffner, David: *Smells Like Suburban Spirit*. http://www.cameraguild.com/index.html?magazine/stoo500.htm~top.main_hp Die Zitate in diesem Abschnitt stammen aus dem Text von David Geffner.

allem in New York und Los Angeles an den Start, erhielt also einen „limited release", wie es für kleinere und künstlerisch ambitionierte Produktionen üblich ist. Niemand konnte zu diesem Zeitpunkt vorhersehen, dass der Film am Ende fünf Oscars gewinnen und weltweit über 350 Millionen Dollar einspielen würde.

Der Kameramann: Conrad L. Hall

Sam Mendes hatte von Beginn an sehr ausgeprägte Vorstellungen im Hinblick auf den visuellen Stil des Films. Ein entscheidender Faktor für das Gelingen des Vorhabens war deshalb die Auswahl des Kameramannes. Dabei bewiesen Mendes und die Produzenten Bruce Cohen und Dan Jinks eine glückliche Hand. Der 72-jährige Conrad L. Hall, der bereits 1969 einen Oscar für *Butch Cassidy and the Sundance Kid* erhalten hatte, untermauerte mit seiner Arbeit an *American Beauty* seinen Ruf als einer der besten Vertreter seines Metiers. Der Filmneuling Mendes profitierte von Halls Erfahrung und Gespür bei der Bildgestaltung; gemeinsam entwickelten beide die hochgelobte Licht- und Farbregie. Fast der gesamte Film entstand auf der Grundlage von Storyboards, wobei sich Mendes und Hall vor allem von Gemälden inspirieren ließen. Die beiden strebten einen „classic, American Gothic-type look" an, was sich auf den Titel des berühmten Bildes von Grant Wood (1891–1942, US-amerikanischer Maler des Amerikanischen Realismus) bezieht. *American Gothic* zeigt ein älteres, freudlos blickendes Farmer-Ehepaar, das dem Betrachter eine Heugabel entgegenhält. (Siehe dazu S. 9 dieses Bandes.)

Grant Wood (1891–1942): *American Gothic* (1930)

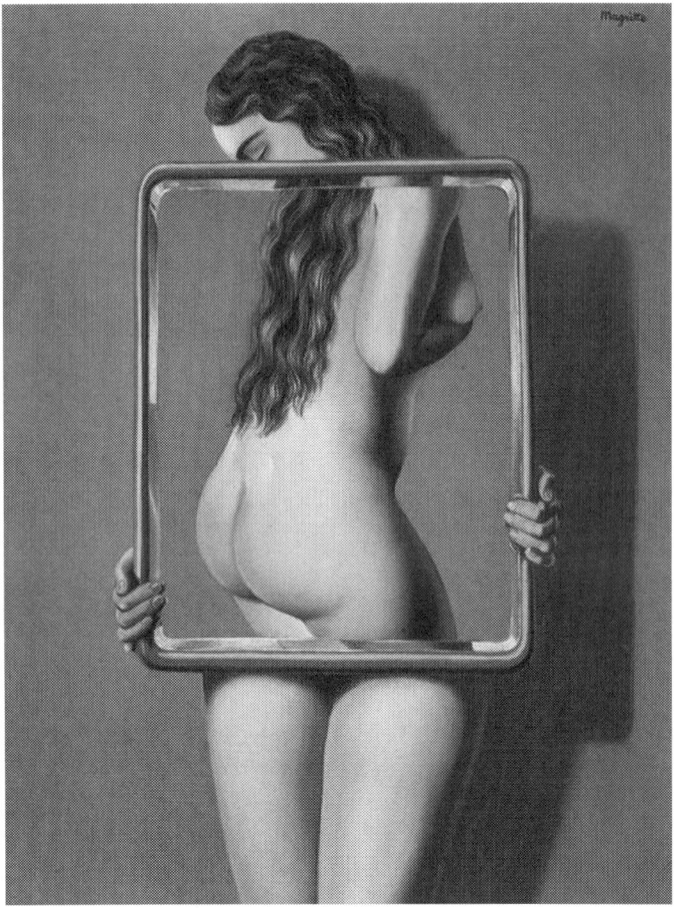

René Magritte (1898–1967): *Dangerous Liaisons* (1926)

Edward Hopper (1882–1967): *Pennsylvania Coal Town* (1947)

Wie bei Wood sollten sich auch in *American Beauty* realistische und unheimliche Elemente verbinden. Es war das Ziel, durch die gesamte Optik des Films Zweifel an dem Traum von den unbegrenzten Möglichkeiten für jedermann zu streuen. Auch mit den populären Heile-Welt-Gemälden von Norman Rockwell (1894–1978, US-amerikanischer Maler) setzten sich Mendes und Hall auseinander und lasen dessen ungetrübte Version des American Dream gegen den Strich. Weiterhin hatten Werke der Maler René Magritte (1898–1967, belgischer Maler des Surrealismus) und Edward Hopper (1882–1967, US-amerikanischer Maler des Amerikanischen Realismus) Einfluss auf die Vorarbeiten. Bei Magritte fanden die Filmemacher surrealistische Momente und Spiegel-Motive, bei Hopper ausdrucksstarke Darstellungen des vereinzelten und einsamen Menschen in der anonymen Moderne. (Siehe dazu S. 10 f. dieses Bandes.)

Inspiration durch Gemälde

Der Film wurde an einigen sehr beziehungsreichen Orten in Kalifornien gedreht. Das Haus, in dem die Burnhams wohnen (Drehort 11388 Homedale Street, Brentwood, Los Angeles, California, USA), kannte Conrad Hall bereits von den Dreharbeiten an *Divorce American Style* (1967), und es fand auch Verwendung in *Pleasantville* (1998). Beide Filme sind Gesellschaftssatiren mit Parallelen zu *American Beauty*. Aber auch Fernsehserien aus der optimistischen Wirtschaftswunderwelt der sechziger Jahre wie *Leave It To Beaver* und *Dennis the Menace* wurden in derselben Nachbarschaft gedreht, wiederum unter Beteiligung von Conrad Hall, für den das Wesen des Filmemachens gerade darin besteht, „to take something that's been seen on screen before and make it special and unique [...]. It really represents how magical movies still can be, when we take the same streets and neighborhood seen on an old black-and-white TV show and transform them into such an intense and daring modern-day story." Hall sah in

Drehorte

American Beauty also eine Gelegenheit, sich zum wiederholten Mal neu zu erfinden, obwohl er der düsteren Sichtweise des Drehbuchs zunächst fremd gegenüberstand. Andere Mitwirkende waren von dem Projekt fasziniert, weil ihnen Alan Balls Geschichte einleuchtende Erklärungen für die Entfremdung weiter Teile der Jugend von der Gesellschaft zu liefern schien. Kevin Spacey, der Darsteller des Lester Burnham, ging so weit, eine Verbindungslinie zu dem Schulmassaker von Littleton zu ziehen, das zwei Jahre zuvor Entsetzen und Ratlosigkeit ausgelöst hatte. Die Rolle von Homosexuellen in der Gesellschaft und die verbreitete Homophobie sind wiederum Aspekte, welche Alan Ball, der selbst schwul ist, besonders interessierten.

Sam Mendes' Arbeitsstil

Mendes führte die Darsteller als Ensemble wie am Theater, was für die meisten Schauspieler ungewohnt war. Weil er aber auf Gespräche Wert legte, den Darstellern zuhörte und weil jeder eigene Ideen einbringen konnte, entstand ein starkes Zusammengehörigkeitsgefühl, welches eine Erklärung dafür ist, weshalb der ganze Film wie aus einem Guss wirkt. Mendes' Arbeitsstil bildet die Werte ab, die *American Beauty* vermitteln will: Gelassenheit und Gemeinschaftlichkeit.

Der fertige Film enthält mehrere Abwandlungen gegenüber dem Original-Drehbuch. Balls erster Entwurf sah Lester und Angela zusammen im Bett, wenn auch ohne Sex, und beinhaltete eine Rückblende, in der Frank Fitts mit einem Soldaten in Vietnam schläft; beides wurde von Ball selbst in einem frühen Stadium gestrichen. Die Vietnamszene hätte Fitts' Homosexualität zu plump offenbart. Das Gespräch zwischen Ricky und Jane, in dem die beiden über einen Mord an Lester sprechen, wurde erst später vorgeschaltet. Diese Abweichung von der Chronologie lenkt die Aufmerksamkeit des Publikums in eine ganz andere Richtung. Die größten Veränderungen fanden jedoch erst nach Abschluss der Dreharbeiten bei der Montage statt, als Sam

Mendes sich u. a. entschloss, die surrealistischen Elemente stark zurückzunehmen. Gerade besonders aufwendig produziertes Material fand schließlich keine Gnade mehr, vor allem eine längere Szene, in der Lester sein Stadtviertel überfliegt. Das gleiche Schicksal traf eine Rahmenhandlung rund um polizeiliche Ermittlungen und eine Gerichtsverhandlung. Ricky wird dabei als Mörder schuldig gesprochen, während sein Vater Presseinterviews gibt und weiterhin verschweigt, dass er homosexuell ist. Ein Erinnerungsfoto von sich und zwei Armeekameraden hat er gleich nach dem Mord verbrannt. Insgesamt wurde *American Beauty* im Schneideraum um ca. 40 % gekürzt, und so entstand in Conrad Halls Worten „almost another movie".

Änderungen am ursprünglichen Drehbuch

Bedauerlicherweise enthält die mit Zusatzmaterial dürftig ausgestattete DVD[3] des Films keine dieser „deleted scenes". Nützlich ist der Audio-Kommentar von Sam Mendes und Alan Ball, während es sich bei dem zwanzigminütigen Making-of nur um einen ausgedehnten Werbespot handelt.

Sam Mendes

Der britische Regisseur wurde 1965 in Reading geboren. Schon bald nach seinem Studium in Oxford und Cambridge feierte er erste Erfolge am Theater, u. a. für die Royal Shakespeare Company. Von 1992 bis 2002 war Mendes Intendant des kleinen Donmar Warehouse, das in diesem Zeitraum zu einem der angesehensten Theater in London wurde. Auf *American Beauty* folgten bisher vier weitere Spielfilme: *Road to Perdition* (2002), *Jarhead* (2005), *Revolutionary Road* (2008) und *Away We Go* (2009). Seit 2003 ist Mendes mit Kate Winslet verheiratet, die auch neben Leonardo DiCaprio in *Revolutionary Road* spielte.

3 *American Beauty*. DreamWorks Home Entertainment, 2006.

2. Inhalt

Filmdaten

Originaltitel und deutscher Titel: American Beauty
Produktionsland: USA
Uraufführung USA: 8. September 1999
Uraufführung Deutschland: 20. Januar 2000
Länge: 117 Minuten
Originalsprache: Englisch
Altersfreigabe: FSK 16

Stab

Regie: Sam Mendes
Produzenten: Bruce Cohen, Dan Jinks
Drehbuch: Alan Ball
Kamera: Conrad L. Hall
Montage: Tariq Anwar, Christopher Greenbury
Produktionsdesign: Naomi Shohan
Kostüme: Julie Weiss
Musik: Thomas Newman

Darsteller

Lester Burnham: Kevin Spacey
Carolyn Burnham: Annette Bening
Jane Burnham: Thora Birch
Ricky Fitts: Wes Bentley
Angela Hayes: Mena Suvari
Buddy Kane: Peter Gallagher
Barbara Fitts: Allison Janney
Colonel Frank Fitts: Chris Cooper

Jim Olmeyer: Scott Bakula
Jim Berkley: Sam Robards
Brad Dupree: Barry Del Sherman

Auszeichnungen

Fünf Academy Awards (Oscars) 2000: Film, Regie, Originaldrehbuch, männlicher Hauptdarsteller, Kamera
Drei Golden Globes 2000: Film – Drama, Regie, Drehbuch

Die Familie Burnham lebt in einem großen Haus in einem Bilderbuchvorort. Hinter der perfekten Fassade brodelt es. Lester Burnham, 42, seit 14 Jahren Redakteur bei der Zeitschrift Media Monthly Magazine, befindet sich in einer tiefen Krise. Seine Arbeit langweilt ihn, und seine sexlose Ehe mit Carolyn, einer Immobilienmaklerin, ist nur noch Fassade. Sie ist übermäßig ehrgeizig und ständig gestresst, zumal sie gerade geschäftliche Rückschläge einstecken muss. Die sechzehnjährige Tochter Jane fühlt sich von ihren Eltern vernachlässigt; ständig muss sie deren Auseinandersetzungen miterleben. Nebenbei spart Jane für eine Brustvergrößerung. Die Lage verschärft sich, als Lester erfährt, dass er mit seiner Entlassung rechnen muss. Brad Dupree, sein neuer Vorgesetzter, beauftragt ihn, eine Beschreibung seines Arbeitsplatzes anzufertigen, in der er seine Existenzberechtigung beweisen soll. Bald darauf sieht Lester Janes Freundin Angela bei einem Auftritt als Cheerleaderin und ist sofort von der Idee besessen, mit der Schülerin zu schlafen.
Inzwischen ist im Nachbarhaus der pensionierte Marines-Offizier Colonel Frank Fitts mit seiner Familie eingezogen, während im anderen Nachbarhaus der Burnhams das homosexuelle Paar Jim und Jim lebt. Fitts ist ein Schwulenhasser, der seinem Sohn Ricky, 18, mit drakonischen Maßnahmen Disziplin und Respekt

beibringen will. Ricky passt sich seinem Vater zum Schein an. Er hat insgeheim 40.000 Dollar auf die Seite gelegt, die er durch den Handel mit Marihuana verdient hat. In seinem Zimmer bewahrt er eine große Sammlung von Videofilmen auf, die er von Dingen und Menschen in seiner Umgebung gemacht hat. Er zeigt besonderes Interesse für Aufnahmen von Jane. Angela hält Ricky für einen Perversen und Voyeur, aber es gelingt ihr nicht zu verhindern, dass Jane sich in ihn verliebt.
Bei ihren Besuchen im Haus der Burnhams flirtet Angela heftig mit Lester, der sich dadurch ermutigt fühlt. Er krempelt nun sein ganzes Leben um. In der Firma schmeißt er seinen Job hin und erpresst Brad, damit er eine hohe Abfindung erhält. Anschließend kauft er sich sein Traumauto und beginnt mit einem intensiven Fitnesstraining. Außerdem raucht er Dope, das er von Ricky kauft. Während Lester sich wie neugeboren fühlt, findet Jane es abstoßend, dass ihr Vater so offensichtlich um ihre Mitschülerin wirbt. Sie meint es aber nicht ernst, als sie Ricky bittet, Lester umzubringen.
Carolyn hat mittlerweile eine Affäre mit ihrem geschäftlichen Konkurrenten, dem aalglatten Buddy Kane, begonnen. Am letzten Tag in Lesters Leben fährt sie nichts ahnend mit Buddy ausgerechnet in dem Fastfood-Restaurant vor, in dem sich Lester eine Stellung als Burger-Verkäufer gesucht hat. Nachdem ihr Verhältnis nun aufgeflogen ist, macht Buddy Schluss mit Carolyn, weil er Schwierigkeiten in seinem bevorstehenden Scheidungsverfahren fürchtet.
Frank Fitts hat heimlich Rickys Zimmer durchsucht. Dabei ist er auf eine Videoaufnahme gestoßen, auf der Lester zu sehen ist, wie er sich auszieht und nackt mit Gewichten trainiert. Er hält es nun für möglich, dass sein Sohn und der Nachbar ein Verhältnis haben. Als Fitts wenig später die beiden durch ein Fenster beobachtet, ist sein Blickwinkel teilweise verstellt. Was sich dort

abspielt, sieht für ihn aus wie ein „blowjob“, während Ricky in Wirklichkeit nur einen Joint dreht, den er dann mit Lester raucht. Als Ricky nach Hause kommt, schlägt Fitts seinen Sohn und beschuldigt ihn, homosexuell zu sein. Ricky sieht seine Chance gekommen, sich von seinem Vater zu befreien, indem er Franks Eindruck bestärkt. Er stachelt Frank mit erfundenen Geschichten auf, und es kommt zum endgültigen Zerwürfnis. Ricky verabschiedet sich von seiner Mutter und verlässt das Haus für immer.
In großer Verzweiflung fährt Carolyn durch die Stadt. In ihrem Wagen hat sie einen Revolver dabei, den sie manchmal auf einem Schießstand benutzt. Bei Frank Fitts bricht nun durch, dass er eigentlich selbst schwul ist. Er sucht Lester in dessen Garage auf und macht einen Annäherungsversuch. Dieser weist ihn ab, und Frank geht wieder in sein Haus zurück. Bei den Burnhams ist Angela zu Besuch, als Ricky erscheint. Er fragt Jane, ob sie mit ihm nach New York fliehen würde, und sie stimmt sofort zu. Angela will sie davon abhalten, aber Jane kündigt ihr die Freundschaft auf, und Ricky wirft ihr an den Kopf, dass sie Jane nur benutzt habe und langweilig und gewöhnlich sei. Eine verunsicherte Angela flieht ins Wohnzimmer, wo Lester sie findet. Nun bietet sie sich Lester tatsächlich an. Aber als sie ihm sagt, es sei ihr erstes Mal, ändert sich seine Stimmung. Er wird väterlich und nimmt teil an Angelas Sorgen. Nachdem Angela ins Badezimmer gegangen ist, schleicht Frank Fitts in das Haus und schießt Lester, der allein am Küchentisch sitzt, von hinten in den Kopf. Als dieser stirbt, zieht sein Leben an ihm vorüber, und er denkt an die glücklichen Zeiten mit seiner Familie. Carolyn ist gerade vor ihrer Haustür angekommen und hört dort den Schuss. In Schrecken versetzt, geht sie ins Schlafzimmer, wo sie ihr Gesicht weinend in Lesters Kleidung vergräbt. Ricky und Jane finden den toten Lester.

3. Thematische Aspekte

Suburbia

Kritik am materialistischen Lebensstil

American Beauty ist ein Abgesang auf das Milieu, in dem die überwiegende Mehrheit der amerikanischen Mittelschicht zu Hause ist. Es handelt sich um die weitläufige Welt der Vororte, die sogenannte Suburbia. Hinter der wohlgeordneten Fassade von Familie, Eigenheim und Beruf findet der Film nur menschliche Abgründe. Der komplexe American Dream hat sich hier auf die Lust am Konsum und an der Karriere reduziert. Für Lester Burnham und andere Figuren sind die Glücksverheißungen Suburbias deshalb fragwürdig geworden. Sie reagieren mit Überdruss und Lustlosigkeit, und Ricky und Jane können sich am Ende des Films eine Rettung nicht hier, sondern nur in der Millionenstadt New York vorstellen. Damit wirft der Film grundsätzlich die Frage nach der Substanz und dem Sinn des Lebens in Suburbia auf.

Der Mikrokosmos des Robin Hood Trail spiegelt die Probleme des „suburban lifestyle" anschaulich wider. Die Straße liegt in einem typischen Viertel im Randgürtel irgendeiner nicht näher benannten Stadt, einer Art „affluent Anywhereville"[4], wie man sie überall in den USA finden kann. Tatsächlich ist in diesem Land nur eine Minderheit in den Zentren von Großstädten zu Hause (wo andererseits die Mehrzahl der in Hollywood gedrehten Filme spielt); wesentlich mehr Menschen wohnen in den ausufernden Siedlungen von Einfamilienhäusern, welche sich im ganzen Land um die „downtowns" großer und kleiner Städte legen und

Die USA als „suburban nation"

4 Nathan, Ian: *American Beauty* (Review), http://www.empireonline.com/reviews/reviewcomplete.asp?FID=5423 (Stand Oktober 2009)

die USA zu einer „suburban nation"[5] gemacht haben. Diesen Eindruck vermittelt auch die Einstellung am Anfang von *American Beauty*, als die Kamera einen Blick aus der Vogelperspektive auf eine weite Vorstadtlandschaft wirft.

In der Beurteilung Suburbias sind die USA tief gespalten. Für das konservative Amerika sind die Vororte die wichtigste Heimstätte seiner Grundwerte. Die kritische Haltung des Kinos gegenüber Suburbia wird in diesem Umfeld nicht geteilt. So stellte z. B. ein Artikel, der im Dezember 2008 im *Wall Street Journal* erschien, verständnislos die Frage „Why Does Hollywood Hate the Suburbs?"[6]. Dass Millionen von Menschen sich den Traum vom Haus auf eigenem Grund und Boden erfüllt haben, gilt den Befürwortern der Vororte als Beleg dafür, dass tatsächlich jeder Amerikaner zugleich erfolgreich und frei sein kann. Für viele enthält Suburbia das Versprechen eines Garten Eden, eines einfachen, überschaubaren und konfliktarmen Daseins, wie das folgende Zitat stellvertretend belegt:

Das versprochene Paradies

> *Suburbia is a decent representation of the American dream. Ideal suburbia represents the wish to rise in the world, to have a home of one's own, to raise a family and children within communal morality. It represents the essence of capitalism and of basic American morality. It may sound hackneyed, but suburbia is apple pie and ice cream and baseball, church picnics and soccer meets and family dinners.*[7]

---

5 Hayden, Dolores: *Building Suburbia. Green Fields and Urban Growth, 1820–2000.* Vintage Books: New York, 2004, S. 10.

6 Siegel, Lee: *Why Does Hollywood Hate the Suburbs? America's long artistic tradition of claiming spiritual death by station wagon.* In: The Wall Street Journal Online, December 29, 2008. http://online.wsj.com/article/SB123033369595836301.html (Stand Oktober 2009). Die Artikel von Shapiro (Fußnote 7) und Siegel haben fast gleichlautende Überschriften. Beide Autoren sind konservative Kolumnisten, die an der Idee von Suburbia festhalten.

7 Shapiro, Benjamin: *Why Hollywood hates suburbia.* In: WorldNetDaily, January 20, 2005. http://www.wnd.com/news/article.asp?ARTICLE_ID=42467 (Stand Oktober 2009). Nicht alle Filme aus Hollywood sind kritisch gegenüber Suburbia eingestellt, vor allem in vielen Teenager-Komödien wird das Leben in den Vororten noch idealisiert.

Wie so oft wird Suburbia hier mit Natur, Gesundheit, Frieden und Nachbarlichkeit assoziiert. Die Vororte sind ein kultureller Gegenentwurf zur Großstadt mit ihren negativen Begleiterscheinungen wie Kriminalität, Anonymität und schmutziger Luft. Erst abseits der Stadt – so die Vorstellung – nimmt der Kapitalismus eine abgehobene, menschenfreundliche Gestalt an und schüttet sein Füllhorn über alle gleichermaßen aus. In harmonischer Eintracht können deshalb hier die Erfolgreichen die Früchte ihres Strebens beim sprichwörtlichen Grillfest genießen.
Auch der Robin Hood Trail scheint vom Glück verwöhnt zu sein, die Insignien des Erfolgs sind vorhanden: Die Burnhams haben ein großes Haus mit teurer Einrichtung, einen Geländewagen und ein Zweitfahrzeug. Vor dem Haus tauscht sich Carolyn freundlich mit den Nachbarn aus. Aber die sommerlich-sonnige Idylle weckt beim Zuschauer sehr schnell Unbehagen. Niemand wirkt hier zufrieden, denn dieses Paradies ist zu künstlich und arrangiert. In dieser auf Hochglanz polierten Umgebung ist der Mensch nur ein Fremdkörper, das Unglück hinter der eleganten Erscheinung lässt sich mit Händen greifen. Alles kommt dem Betrachter zudem bekannt und austauschbar vor, als hätte er es schon oft in Werbespots und TV-Serien gesehen **(vgl. Abb. 1/I im Bildteil dieses Bandes)**. Die Bilder des Films erklären die Utopie von Suburbia zur Illusion. Der American Dream ist am Robin Hood Trail zum Alptraum geworden.
Damit wird der Film Teil einer schon lange existierenden kritischen Bewegung, die Suburbia für ein verfehltes Experiment hält. Skeptiker glauben, dass die guten Absichten ins Gegenteil umgeschlagen sind. Dies liegt vor allem an der alle Bereiche des Lebens erfassenden Gleichförmigkeit, die zum Kennzeichen der Vororte geworden ist, weil der Kapitalismus Suburbia schon immer als idealen Markt für den Absatz von

Die Einförmigkeit des Lebens in Suburbia

standardisierten und massenhaft produzierten Waren betrachtete und den Vororten seinen Stempel aufdrückte. Lewis Mumford beklagte schon 1961 die Einfallslosigkeit und Sterilität vieler Suburbs, wo er nichts fand als

> *... a multitude of uniform, unidentifiable houses, lined up inflexibly, at uniform distances, on uniform roads, in a treeless communal waste, inhabited by people of the same class, the same income, the same age group, witnessing the same television performances, eating the same tasteless pre-fabricated foods, from the same freezers, conforming in every outward and inward respect to a common mold, manufactured in the central metropolis.*[8]

Es gibt weitere Gründe dafür, weshalb das Versprechen größerer Freiheit, das viele Menschen nach Suburbia lockte, nicht gehalten werden konnte. So ist die Art von nachbarlicher Nähe, die man hier findet, nicht nur anheimelnd, sie schafft auch gegenseitige Einblicke. Sie schränkt ein, bedeutet ständige soziale Kontrolle. Dies kann man auch am Robin Hood Trail beobachten. Dort gibt es zwar mit einem gleichgeschlechtlichen Paar sogar eine alternative Lebensform, durch die Namensgleichheit Jim und Jim klingt aber an, dass die beiden sich übermäßig angepasst haben. In ähnlicher Weise werden alle Konflikte in der Nachbarschaft eher vermieden oder unterschwellig ausgetragen. Auch Carolyn Burnham passt sich an und verwendet viel Aufmerksamkeit darauf, einen makellosen Eindruck zu machen. Insgesamt bestätigt der Film so die verbreitete Ansicht, dass in Suburbia eine kleinbürgerliche „culture of sameness and avoidance"[9] überwiegt und dass die geistige Vielfalt und Offenheit der Stadt nicht

Soziale Kontrolle

8 Mumford, Lewis: *The City in History: Its Origins, Its Transformation and Its Prospects.* New York: Harcourt, Brace & World, 1961, S. 486.

9 Kenyon, Amy Maria: *Dreaming Suburbia. Detroit and the Production of Postwar Space and Culture.* Detroit, Michigan: Wayne State University Press, 2004, S. 72.

bis hierher vorgedrungen ist. Konkurrenz gibt es allerdings auch unter den Nachbarn in Suburbia, es wird nur meistens nicht offen darüber gesprochen und äußert sich bei Carolyn in Form von Neid und Rechthaberei. Eine Platane ihrer Nachbarn ließ sie mit der Begründung fällen, dass sich ein Teil der Wurzeln auf ihrem Grundstück befand. Sie hat nie verwunden, dass sie in ihrer Kindheit nicht in einem freistehenden Haus, sondern nur in einer Doppelhaushälfte wohnen konnte. Noch immer registriert sie misstrauisch Rangunterschiede zwischen sich und anderen.

Soziale Entmischung

Außerdem erzeugen die Vororte Konformität schon allein durch ihre einzigartige räumliche Ausdehnung und die Geschwindigkeit, mit der sie innerhalb weniger Jahrzehnte entstanden sind. Die treibende Kraft bei der Entwicklung von Suburbia ist die Bau- und Immobilienwirtschaft, die dabei große Gewinne erzielt, weshalb es naheliegt, dass Carolyn den Immobilienhandel als Weg zum Erfolg schlechthin ansieht. Statt organisch zu wachsen, werden Eigenheimsiedlungen kostengünstig und nach den immer gleichen und bewährten Mustern aus dem Boden gestampft. Dabei findet im Widerspruch zu dem amerikanischen Ideal des „melting pot", des Schmelztiegels der Völker und Schichten, in den Suburbs eine soziale Entmischung statt, denn viele Viertel sind so gestaltet, dass sie nur Einwohner mit ähnlichem sozialen und finanziellen Hintergrund anlocken. Der Robin Hood Trail etwa ist überwiegend eine Domäne des gehobenen weißen Bürgertums und der Kleinfamilie. Auf diese Weise sind viele einförmige und gesichtslose Orte entstanden, häufig nur große „bedroom communities", an deren Rändern sich Gewerbegebiete mit den überall gleich aussehenden Shopping Malls und Filialen von Wal-Mart, McDonald's und Starbucks ansiedeln. Der „urban sprawl", also die großflächige Zersiedlung der Landschaft, ist eine unvermeidliche Begleiterscheinung dieser Prozesse. Er zerstört das ersehnte Paradies schon, bevor man dort überhaupt eingezogen ist. Dabei ist es umso schwieriger, Wurzeln zu schlagen, je neuer und größer eine Siedlung ist. Was vielen Suburbs fehlt, ist eine eigene Erinnerungskultur, sind lokale Eigenarten. Alles Ursprüngliche wird dem Diktat der uniformen Baustile und des konventionellen Geschmacks geopfert; auch das Haus der Burnhams besteht hauptsächlich aus typischen Versatzstücken hochpreisiger „McMansions"[10] wie Fenstern und Eingang im Kolonialstil und einem adretten Vorgarten mit weißem Lattenzaun. So ist es konsequent, dass Lester sich nach seinem Bruch mit dem Vorstadtleben um eine Stellung bei „Mr Smiley's" bemüht, denn dieses Fastfood-Restaurant bringt das Charakteristische des Ortes unverhohlener zum Ausdruck (**Abb. 14/S. XIV im Bildteil**).

Das Fehlen des Zentrums

Das Drive-thru-Fenster, an dem der Kunde bei Mr Smiley's seine genormten Speisen in Empfang nimmt, ohne den Wagen zu verlassen, vermittelt dabei einen Eindruck von der zentralen Stellung, die das Auto für die Kultur der Suburbs hat. Vorortsiedlungen haben oft die Größe einer herkömmlichen Stadt, aber nicht deren Infrastruktur und Attraktionen, oft keinerlei öffentlichen Nahverkehr und nicht einmal Bürgersteige, was die Bewohner zwingt, ständig lange Wege in ihren Autos zurückzulegen. Auch in *American Beauty* scheint es kein Zentrum zu geben, in dem man sich trifft. Die Menschen sitzen vereinzelt in ihren Wohnzimmern oder sind in ihren Fahrzeugen unterwegs. Auch deshalb schneiden viele Vororte ihre Bewohner von vielfältigen sozialen Bindungen und Lebensmöglichkeiten ab. In der uferlosen und zugleich überschaubaren und engen Suburbia droht das Individuum spurlos und unbemerkt zu verschwinden. Als Bud-

10 Vgl. http://www.urbandictionary.com/define.php?term=mcmansion (Stand Oktober 2009)

dy Kane ihn nicht erkennt, stellt Lester illusionslos fest: „It's okay. I wouldn't remember me either." Viele möchten sich aber nicht damit abfinden, derartig verwechselbar zu sein, für Angela „there's nothing worse in life than being ordinary". Sie kämpfen verzweifelt darum, sich aus der Masse herauszuheben und sich als einzigartige Wesen zu entfalten.

Leiden an der Massengesellschaft

Wenn man Filme wie *American Beauty* sieht, kann man nachvollziehen, weshalb die Bewegung zu den Stadträndern inzwischen ihren Höhepunkt überschritten hat und wieder mehr Menschen nach zentral gelegenem Wohnraum suchen. Dieser Trend hat sich in einem veränderten wirtschaftlichen Umfeld seit der Jahrtausendwende stark beschleunigt. Steigende Energiepreise machten das Pendeln zwischen Wohnort und Arbeitsplatz für viele Vorortbewohner unbezahlbar, noch bevor infolge der Immobilien- und Finanzkrise der Jahre 2008/2009 Millionen von Häusern zwangsversteigert oder zu stark gesunkenen Preisen verkauft wurden. „The American suburb as we know it is dying" und „the suburban dream of the big house with the big lawn is vanishing", hieß es deshalb im März 2009 in einem Artikel in *Time*.[11] Für die Zukunft ist ein Rückbau besonders unattraktiver Suburbs zu erwarten sowie eine Rückbesinnung auf verdichtete und ökologisch sinnvolle Formen der Bebauung, die den sozialen Bedürfnissen der Bewohner stärker entgegenkommen.

Krise der Suburbs

In zeitlichem Einklang mit diesem vermutlich epochalen Umbruch in der Lebensweise der Amerikaner wandte sich das Kino erneut intensiv dem Thema „Suburbia" zu. Auch *American Beauty* stößt in diesem Zusammenhang auf gesteigertes Interesse und hat sich den Ruf eines Prototyps für den „Suburban angst film" erworben. Ein neueres Beispiel dieses Genres ist

11 Walsh, Bryan: *Recycling the Suburbs*. In: Time, March 23, 2009, S. 28.

Sam Mendes' *Revolutionary Road*, dessen Handlung in den fünfziger Jahren spielt, der vermeintlichen Glanzzeit der Suburbs. Ein weiteres herausragendes Exemplar ist der Film *Juno*, der anhand von zwei Vorortschauplätzen unterschiedliche Wohn- und Lebensformen kontrastiert. Das ältere Viertel, in dem die Protagonistin Juno lebt, wirkt einfach und bodenständig, die Häuser sind klein und auch etwas unaufgeräumt, aber auf den schmalen Wegen kann man noch zu Fuß zum Drugstore oder zu Freunden gehen. Hier findet die schwangere Sechzehnjährige Wärme und Geborgenheit, nicht aber in der von einer Mauer abgeschirmten Suburb mit dem hochtrabenden Namen „Glacial Valley Estate", wo das wohlhabende Ehepaar wohnt, das Junos ungeborenes Kind adoptieren will. Mit seinen großen, makellos eingerichteten Häusern und unbelebten Straßen erinnert der Ort an den Robin Hood Trail. *Gran Torino* wiederum spielt vor dem Hintergrund des Niedergangs der Autometropole Detroit und seiner weißen Mittelschicht, welche in ihren Suburbs nun den Umgang mit den Einwanderern aus Asien erlernen muss, die in die frei werdenden Häuser einziehen.

Weitere Filme über Suburbia

The Swimmer (1968), *The Stepford Wives* (1975, Remake 2004), *The Ice Storm* (1997), *Pleasantville* (1998), *Far from Heaven* (2002), *Garden State* (2004), *Little Children* (2006), *Juno* (2007), *Revolutionary Road* (2008), *Lakeview Terrace* (2008), *Gran Torino* (2008)

Männlichkeit

Was ist ein Mann? Und was bedeutet Männlichkeit in der heutigen Zeit? Dies sind Fragen, mit denen sich das amerikanische Kino immer wieder beschäftigt und denen es mit dem Western, dem Gangsterfilm und dem Actionfilm gleich mehrere Genres gewidmet hat. Ungebrochene Männlichkeit gibt es allerdings nur noch im trivialen Film; ansonsten wird die Stellung des Mannes im heutigen Amerika unweigerlich als krisenhaft beschrieben. Schon seit den fünfziger Jahren zeichnen sich die großen Ikonen der Männlichkeit wie James Dean, Marlon Brando, Steve McQueen und Paul Newman nicht nur durch Eigenschaften wie Aggressivität und Unabhängigkeit aus, sie sind auch unweigerlich verletzlich und empfindsam. Sie können keinen Platz für traditionelle Männlichkeit mehr finden, und das, obwohl sie oft an Orten agieren, die dafür noch vergleichsweise geeignet erscheinen, z. B. in großen Metropolen oder in wilder Natur. In der beschaulichen und uniformen Suburbia ist dies naturgemäß noch schwieriger, wie man an den Männern in *American Beauty* sehen kann. Der Film zeigt deutlich auf, dass überlieferte Vorstellungen davon, was männlich ist, nicht mit den Existenzbedingungen in den Suburbs zu vereinbaren sind. Der Versuch, dennoch an diesen Idealen festzuhalten, muss zwangsläufig scheitern und erzeugt ein Gefühl des Nicht-Genügens und der Isolation bei den betroffenen Männern.

Die Krise traditioneller Männlichkeit

Das herausragende Leitbild des Mannes in den USA ist der Selfmademan.[12] Er soll sich eher im öffentlichen als im privaten Leben entfalten, im Wettbewerb mit anderen, dabei das Risiko lieben und ständig

Der Selfmademan als Leitbild

12 Vgl. dazu Kimmel, Michael S.: *Manhood in America: A Cultural History.* New York: The Free Press, 1996, S. 16 f.

nach neuen Herausforderungen suchen. Ein wichtiges Merkmal des Selfmademan ist seine soziale und räumliche Mobilität; er ist nicht an eine bestimmte soziale Schicht gefesselt, und er ist ungebunden genug, um jederzeit zu neuen Orten aufzubrechen. Gleichzeitig ist er bereit, die Einsamkeit und Unsicherheit, die sein Streben mit sich bringen kann, zu ertragen. Dieser Typus ist für die Erfordernisse des Kapitalismus besonders geeignet, und er personifiziert das demokratische Ideal, dass Wohlstand grundsätzlich jedermann zugänglich sein soll. Dass dieser Typus sich in Amerika viel stärker als in Europa ausprägte, hat seine Ursache in der Besiedlungsgeschichte des Landes. Seit dem frühen 19. Jahrhundert drängten immer mehr Einwanderer in das Innere des nordamerikanischen Kontinents und verschoben in raschem Tempo die „Frontier", die Grenze zwischen Wildnis und Zivilisation. In der unermesslichen Weite des Kontinents lockten Freiheit und ungeheure Möglichkeiten des sozialen Aufstiegs. Der Selfmademan war außerdem, sofern er eine Familie hatte, deren unangefochtener Patriarch. Niemand hinterfragte seine Autorität in den turbulenten und gefährlichen Zeiten der Urbarmachung eines wilden und gesetzlosen Landes.
Pioniergeist wird in den USA bis heute glorifiziert, obwohl der Kontinent bereits am Ende des 19. Jahrhunderts vollständig erobert und die Frontier geschlossen war:

> *The word "frontier" continues to resonate for American men, from John F. Kennedy's "New Frontier" to* Star Trek*'s declaration that space is the "final frontier". We have always believed that manhood lies at the edge of civilization, away from the emasculating seduction of urban lassitude, soul-deadening bureaucratic office work, and, of course, women.*[13]

---

13 Kimmel, Michael S. and Aronson, Amy: *Men and Masculinities: A Social, Cultural and Historical Encyclopedia.* Illustrated edition. Santa Barbara, California: ABC-CLIO, 2004, S. 327.

Weiterleben der Fronier als Mythos

Die Frontier ist also zum Mythos geworden, zum Sehnsuchtsort, der immer wieder neu in der Wirklichkeit erschaffen werden soll. Viele sind von dem Wunsch beseelt, in der ernüchternden Realität für sich selbst einen Platz ausfindig zu machen, an dem sie auf traditionelle Weise Männer sein können. Suburbia bietet aber dafür keine angemessenen Bewährungsmöglichkeiten; die Vororte werden zur Falle für den Selfmademan. Das gesetzte Leben, das er hier führen muss, bietet seinem Tatendrang wenig Spielraum. Jede neue Vorstadtsiedlung frisst sich in die Landschaft hinein und zerstört mehr von dem, was von ihrer ursprünglichen Ausdehnung noch übrig geblieben ist. Seit den sechziger Jahren höhlten neue soziale Trends das Selbstwertgefühl des Mannes zusätzlich aus, insbesondere die berufliche und sexuelle Emanzipation der Frau. Wurden die alten Familienoberhäupter in den idealisierten Film- und Fernsehfamilien der Fünfziger (*Leave It To Beaver*) noch sehnsüchtig erwartet, wenn sie am Abend vom Tagwerk in der Stadt nach Hause kamen, so hat Lester jeden Respekt bei Frau und Tochter eingebüßt. Der „Höhepunkt" seines Tages ist schon erreicht, wenn er morgens unter der Dusche masturbiert. Lesters Frau ist beruflich erfolgreicher als er und hat ihm, was die vermeintlich männlichen Eigenschaften Härte und Ehrgeiz betrifft, längst den Rang abgelaufen. Auch schläft sie mit einem Mann, der einen höheren Status hat als Lester, welcher wiederum aufgrund seiner Lage von Kastrationsfurcht gepeinigt wird: Er glaubt, seine Frau sähe ihn gern als „fucking prisoner while she keeps my dick in a mason jar under the sink". Seine Mobilität beschränkt sich auf den immer gleichen Weg über die Autobahn zum Büro, wo er das ereignisarme Leben eines unscheinbaren Angestellten führt. Er hat das Gefühl, sich zu prostituieren: „For fourteen years I've been a whore for the advertising industry."

Statt aktiv zu sein und Abenteuer zu erleben, wird er mit der Rolle eines passiven Konsumenten vertröstet, aber der Besitz eines „four thousand dollar sofa upholstered in Italian silk" verschafft ihm keine Zufriedenheit. Lesters Handlungsmöglichkeiten sind im Vergleich zum echten Selfmademan also extrem eingeschränkt; er ist von diesem Ideal soweit entfernt, wie man es nur sein kann. Im Prinzip hat ihn seine Umgebung für überflüssig erklärt, und somit verkörpert er in Reinform „The Male Dilemma"[14], die Wut und die Qualen eines Durchschnittsmannes im modernen Amerika, der sich mit seinem massiven Bedeutungsverlust abfinden soll.

The Male Dilemma

Dass es trotzdem noch möglich ist, ein Selfmademan zu sein, scheint auf den ersten Blick der örtliche Immobilienkönig Buddy Kane zu beweisen. Im Gegensatz zu Lester ist er nicht bloß ein Rädchen in der Maschinerie einer großen, undurchsichtigen Organisation, sondern scheint sein eigener Herr zu sein. Als Geschäftsmann ragt er über den Durchschnitt hinaus, zieht Bewunderung auf sich und verströmt männliches Selbstbewusstsein. Bei gesellschaftlichen Anlässen steht er im Mittelpunkt, und allein sein Erfolg macht ihn für Carolyn sexuell attraktiv. Aber auch Buddys Welt ist hohl und wenig authentisch. Laufend muss er den Selbstbeweis der eigenen Männlichkeit antreten; beim Sex lässt er sich gerne huldigen („You like getting nailed by the king?" Carolyn: „Oh yes! I love it! Fuck me, your Majesty!"). Er kann seine Fassade nicht dauerhaft aufrechterhalten. Seine junge Frau Christy ist eine Trophäe, aber Buddy muss Carolyn gestehen, dass Christy nicht glücklich ist und sich von ihm trennen wird. Wirklich „powerful" fühlt sich Buddy

Der Unternehmer als moderner Selfmademan

14 Titel eines einflussreichen Buches aus den siebziger Jahren: Steinmann, Anne and Fox, David J.: *The Male Dilemma.How to Survive the Sexual Revolution.* New York: J. Aronson, 1974.

nach eigener Aussage nur, wenn er eine Schusswaffe abfeuert. Seine Neigung zu Waffen verbindet Buddys Männlichkeit am deutlichsten mit der des Frontiersman, und zwar vor allem mit dessen Schattenseite. Zum Bild des Pioniers gehören nämlich auch dessen Maßlosigkeit und Bereitschaft zur Gewalt sowie seine Fähigkeit, sich gefühllos zu machen, als Voraussetzung dafür, dass er die Natur zähmen und in Besitz nehmen kann.[15] Buddy benutzt seine Waffe nur auf dem Schießstand, aber durch ihren Gebrauch bringt er sich in den Zustand der Härte und Rücksichtslosigkeit, der eine Voraussetzung für seinen sozialen Aufstieg ist. Carolyn, die alles tut, um mit den Macho-Männern ihrer Branche mitzuhalten, hat den Zusammenhang zwischen Gewalt und Geschäft verstanden: Nach ihrem Treffen mit Buddy liegt ein Revolver auf ihrem Beifahrersitz – inmitten ihrer Inspirations-Videos für die aufstrebende Geschäftsfrau.

Der soldatische Mann

Auch zur Männlichkeit des pensionierten Colonels Frank Fitts gehören Waffen und Gewalt. Er sammelt Revolver, die er in seinem Haus aufbewahrt. Als Marines-Soldat, der Amerikas Interessen und Ideale in fernen Ländern verteidigt, wird er in der populären Vorstellung ebenfalls mit dem Frontiersman assoziiert. Fitts' Beruf ist zugleich ein weiterer Verweis des Films auf die Bedingungen, unter denen viele Suburbs entstanden, und auf die Verhältnisse, die Männer dort vorfinden. Die Hochphase der staatlichen Förderung Suburbias stand in enger Verbindung mit dem Ende des Zweiten Weltkriegs, als für Millionen von aus der Armee entlassenen Soldaten und ihre Familien schnell neuer Wohnraum benötigt wurde. Vor dem Hintergrund des Kalten Kriegs sollten die Suburbs außerdem ein ideologisches Bollwerk sein. Hier konnten die siegreich heimgekehrten Kämpfer ihre

15 Vergl. Kimmel and Aronson, S. 499. Die Besiedlung Amerikas war auch mit massiven Akten der Gewalt gegen Menschen verbunden, insbesondere gegen die Ureinwohner.

Kameradschaft weiterhin pflegen, und man glaubte, dass ein stolzer Hausbesitzer gegen die Versuchungen des Kommunismus unempfindlich sein würde.[16] Der psychologische Effekt von Suburbia war aber für viele Männer verheerend, denn die Nachkriegsvororte „transformed the olive-drab, gun-toting war hero into a gray flanneled, paper-pushing cold warrior"[17]. Vom Kriegshelden zum mausgrauen Anzugträger - dies kann eine weitere Ursache für den Verlust des Selbstwertgefühls vieler Männer gewesen sein, nicht nur nach 1945, sondern ebenso im Anschluss an alle siegreich geführten Kriege seither. Schlimmer noch traf es die Veteranen des Vietnamkriegs, die von der Nation über Jahrzehnte mit Missachtung gestraft wurden, demzufolge auch Frank Fitts, der in frühen Drehbuchversionen als junger Soldat in Vietnam war. Im Ruhestand lebt er nun unter Zivilisten und wirkt in der Suburb wie ein Fremdkörper und wie jemand, der seine Männlichkeit schützen muss. Fitts' Truppenzugehörigkeit ruft außerdem Assoziationen zu Stanley Kubricks legendärem Film *Full Metal Jacket* (1987) wach, der ausführlich die Ausbildung in einem Camp der Marines zeigt, wo Rekruten systematisch die Persönlichkeit gebrochen wird, damit sie ihre Tötungshemmung verlieren. In seiner Vorortstraße errichtet Frank Fitts nun eine Bastion zur Verteidigung soldatischer Mannesideale, die er vor allem durch Frauen und Schwule gefährdet sieht. Seine Art der Männlichkeit ist roh und barbarisch, und sie erweist sich am Ende nur als Wall, den er gegen seine eigene verleugnete Homosexualität errichtet hat.

---

16 Hayden, S. 148.

17 Moreno, Michael P.: *Consuming the Frontier Illusion. The Construction of Suburban Masculinity in Richard Yates's Revolutionary Road.* In: Iowa Journal of Cultural Studies. No. 3 (Fall 2003). Im Internet: http://www.uiowa.edu/~ijcs/suburbia/moreno.htm (Stand Oktober 2009). Sam Mendes' zweiter Suburbia-Film ist eine Verfilmung des in diesem Artikel analysierten Romans von Richard Yates.

Während Frank Fitts mit allen Mitteln versucht, seine Lust in den Griff zu bekommen, schüttelt Lester für eine Weile jede Disziplin ab. Anfangs noch in sich zusammengesunken (in Brads Büro, auf dem Rücksitz von Carolyns Auto, am Esstisch), inszeniert er sich plötzlich als „wilder junger Mann", als Aufrührer gegen die Welt des Establishments und der Erwachsenen. In seinem ungezügelten Zorn und seiner Aufsässigkeit steckt etwas von der Gegenkultur der sechziger Jahre und von Hollywood-Rebellen wie Montgomery Clift oder Marlon Brando. Deren Protest richtete sich ebenfalls gegen eine Gesellschaft, die keine materielle Not kannte, aber der es an Wärme und Solidarität fehlte. Lester nimmt auch etwas von deren Charme und lässiger Erotik an, sein Hang zu schnellen Fahrzeugen lässt an Brando und James Dean denken. Als fast Mittvierziger ist Lester aber eigentlich schon zu alt für die Rolle des jugendlichen Rebellen, die Pose wirkt unstimmig bei ihm.

Lester als jugendlicher Rebell

Zu Lesters neuer Männlichkeit gehört auch seine Hinwendung zu Sport und Fitness, also zu Betätigungsfeldern, die eher zu den Ersatz-Arenen des modernen Selfmademans zählen **(Abb. 11/XI im Bildteil)**. Physisches Training gilt in den USA als wichtige Voraussetzung der Charakterbildung, ein muskulöser Körper vermittelt den Eindruck von Leistungsfähigkeit und Beherztheit. Aber das Leben in der zur Bequemlichkeit verführenden Konsumatmosphäre der Vororte ist auch der Fitness nicht zuträglich; der an das Auto und Schreibtischarbeit gekoppelte Lebensstil begünstigt Übergewicht und Herz-Kreislauf-Erkrankungen. Suburbia steht im Ruf, dass dort der „männliche" Körper erschlafft: „that ... it fostered flabbiness rather than toughness in [American] men and the nation"[18]. Lester arbeitet dieser Gefahr entge-

Sport und Fitness

18 Carroll, Bret E.: *American Masculinities. A Historical Encyclopedia.* SAGE Publications: Thousand Oaks, California, 2003, S. 203.

gen, indem er versucht, seinen untrainierten und alternden Körper zügig in einen athletischen und attraktiven umzuwandeln („I need to shape up fast."). Deshalb stemmt er Gewichte, fängt an zu joggen und bereitet sich Proteingetränke zu. Für Lesters Bemühungen, fit und männlich zu wirken, gibt es aber noch tiefere Motive, nämlich vor allem seinen Wunsch, für Angela begehrenswert zu werden. Der Film setzt dabei sehr deutlich in Szene, dass Lesters Leidenschaft für sie besonders aufflammt, als er sie zum ersten Mal bei einer Vorführung in ihrem Cheerleader-Kostüm sieht **(Abb. 6/VI im Bildteil)**. Die Cheerleaderin ist eine zentrale Figur in der populären Kultur Amerikas, um die sich Wunschvorstellungen ranken, die Lester zu teilen scheint. Zunächst ist die Cheerleaderin Teil der erfolgsversessenen Sportkultur Amerikas; dem Klischee zufolge geht sie mit den Stars des Football- oder Basketballteams ihrer Schule aus. Sie hat also auch den Status einer Trophäe (wie die repräsentative junge Ehefrau Buddy Kanes). Außerdem vereint die Cheerleaderin in sich zwei völlig entgegengesetzte stereotype Geschlechtsrollen, denn sie gilt einerseits als ein Mädchen, das man den Eltern vorstellen und heiraten kann, andererseits gehört sie zum Standardpersonal amerikanischer Pornofilme: „The Cheerleader represents in one package the ultimate male fantasy: a woman who is both a virgin and a vamp [...] the ultimate hottie in bed"[19]. Mit Angela fantasiert sich Lester also gleichzeitig in die Rolle des jugendlichen Sporthelden hinein, der nicht nur das hübscheste Mädchen der Schule gewinnt, sondern außerdem noch sexuelle Abenteuer unerhörten Ausmaßes in Aussicht hat. Aber auch dieses letzte Refugium der

Die Cheerleaderin als Verkörperung männlicher Fantasien

19 Adams, Natalie Guice u. Bettis, Pamela: *Cheerleader! An American Icon*. New York: Palgrave McMillan, 2003, S. 71 f. Die Autorinnen gehen im vorliegenden Zusammenhang auch auf *American Beauty* ein.

Männlichkeit erweist sich wie alle anderen als illusorisch. Lester hat sich in Angela getäuscht, sie hat den Vamp nur gespielt und ist in Wirklichkeit tatsächlich Jungfrau, eigentlich ein verwirrtes Kind. Entscheidende Teile der Männerfantasie, für die Lester sich in Form gebracht hat, haben keinen Bestand.

Lesters Erlebnis mit Angela bringt ihm auf unerwartete Weise Erlösung. Es befreit ihn endgültig von dem Zwang, dauernd als Mann auftreten zu müssen. Am Ende seines Lebens lässt er plötzlich eingefahrene Verhaltensweisen hinter sich; er wirkt gelassen und ist offen für die Schönheit der Welt. Seine Sympathie und Zärtlichkeit für die hilflose Angela offenbaren eine ganz neue Seite an Lester, und endlich bekundet er echtes Interesse für seine Tochter („How's Jane? [...] I mean, how's her life? Is she happy? Is she miserable? I'd really like to know."). Er überwindet hier den Phantomschmerz über den Verlust der traditionellen Männlichkeit; der neue Lester entwickelt Formen des Mannseins, eine emotionale Intelligenz, die den Erfordernissen der heutigen Zeit angemessen sind. Es ist eine weniger eindimensionale Form der Männlichkeit. Sie ist nicht auf Wettbewerb, Eroberung und Kontrolle begrenzt, sondern bezieht auch andere Bereiche des Menschlichen ein, vor allem Anteilnahme an seiner Umgebung.

Neue Formen der Männlichkeit

Männlichkeit als Thema im Film

Rebel Without a Cause (1955), *Cat on a Hot Tin Roof* (1958), *The Getaway* (1972), *Deliverance* (1972), *Heat* (1995), *The Big Lebowski* (1998), *Election* (1999), *Fight Club* (1999), *Mystic River* (2003), *Aviator* (2004), *Brokeback Mountain* (2005), *The Departed* (2006), *No Country for Old Men* (2007), *Gran Torino* (2008)

Schein und Sein

In *American Beauty* unternehmen fast alle Figuren große Anstrengungen, um als Individuen wahrgenommen und respektiert zu werden. Die meisten glauben aber nicht daran, dass sie dies allein kraft ihrer Persönlichkeit erreichen können. Vielmehr scheint es in fast allen Fällen nötig, das Ich künstlich aufzubessern, es vor den Augen der Öffentlichkeit günstig ins Licht zu setzen. Das Ergebnis ist eine Gesellschaft, die vollständig dem äußeren Glanz von Menschen und Dingen verfallen ist und die sich bereitwillig täuschen lässt. Ansehen und Geltung hängen nicht davon ab, was jemand wirklich darstellt, sondern von dem Image. Der Schein hat Vorrang gegenüber der Substanz, und der Mensch wird zum Rollenspieler seiner selbst. Wer sich in dieser Hinsicht verweigert, wie Lester es tut, fällt als „Loser" auf der sozialen Stufenleiter zurück. Die Vorspiegelung falscher oder ungenauer Tatsachen ist ein weithin akzeptierter Bestandteil dieses Spiels. Entscheidend ist dabei, dass man keine Mängel oder Anzeichen von Schwäche nach außen dringen lässt, sondern glücklich und erfolgreich wirkt, auch wenn man es nicht ist oder es erst werden möchte: „In order to be successful, one must project an image of success at all times." Dieser Satz Buddy Kanes beinhaltet das Grundprinzip, auf dem die Gesellschaft basiert. Carolyn investiert deshalb ihre gesamte Energie in die Selbstdarstellung.

Künstliche Aufbesserung des Ichs

Methoden der Selbstdarstellung

Grundsätzlich hält man es in *American Beauty* für möglich, dass ein positives Image käuflich erwerbbar ist. Es ist zum Teil an den Besitz bestimmter exklusiver Waren gebunden, durch die sich ihr Besitzer von dem Heer der Konsumenten abhebt, die alle die gleichen Billigmarken bei Wal-Mart einkaufen. Es wird dabei erwartet, dass der Verkäufer selbst an dem Image teilhat und es auf die Ware überträgt: „My business is selling an image. And part of my job is to live that image". Wenn Carolyn also ein gewöhnliches Haus anbietet, versieht sie es deshalb nicht nur mit Hochwert-Etiketten wie „dramatic living-room", „lagoonlike pool" oder „filled with positive energy". Sie versucht außerdem, selbst eine Aura des Außergewöhnlichen zu verströmen, um damit den Verkaufserfolg zu gewährleisten. Um ihr Image zu fördern, umgibt sie sich selbst mit teuren Prestigeobjekten und Attributen, die auf einen gehobenen Geschmack schließen lassen. Dabei kann es sich z. B. um farblich mit der Gartenschere abgestimmte Sandalen handeln oder einen Mercedes ML 320 SUV. Der Image-Konstruktion dient den Figuren in *American Beauty* auch das Aussehen: Ein attraktives Äußeres wird kultiviert, der Körper in diesem Sinne durch Training oder plastische Chirurgie geformt. Eine weitere unabdingbare Komponente des Images ist schließlich die Verbindung von Berufserfolg und privatem Glück, beide dürfen nicht als Gegensätze erscheinen.

Vereinzelung des Ichs

In einer solchen Gesellschaft kann es keinen ungezwungenen menschlichen Umgang geben. Wenn die Menschen nur an ihrem Image feilen und sich systematisch gegenseitig irreführen, muss quasi jeder jedem misstrauen. Das Ich erlebt seine Vereinzelung, empfindet sich als einsamer Kämpfer in einer Welt, die schwer zu greifen ist und Angst erzeugt. Für Carolyn ist es vollkommen klar, dass sie auf sich allein angewiesen ist („The most important lesson in life: You cannot rely on anyone except yourself."); das Image ist ihre wichtigste Waffe in dem Kampf um Selbstbehauptung. Ihr Spiel mit der eigenen Identität hat sich deshalb so weit verselbständigt, dass es nicht einmal vor der eigenen Familie haltmacht. Sie verwandelt jede Mahlzeit in ein Ritual, bei dem sie durch die erlesenen Speisen und stilvollen Manieren, durch die Tischdekoration und die sorgsam ausgewählte Hintergrundmusik ihren Status zelebriert (**Abb. 3/III im Bildteil**). Während Dinge wie das italienische Designersofa im Wohnzimmer der Burnhams für Lester vor allem Funktionswert haben („This isn't life. This is just stuff."), verfügen sie für Carolyn über ein Eigenleben: „This is not just a couch!" Im Besitz und Gebrauch teurer Waren sieht sie ihr wertvollstes Kapital, ohne das sie sich wertlos fühlt, wodurch sie wiederum auf Lester „so joyless" wirkt. Dabei hat Lester für Carolyn eine ähnliche Bedeutung wie die Couch, weil sie im Hinblick auf ihr Image im Prinzip keinen Unterschied zwischen dem Ehemann und der Wohnungseinrichtung macht. So arbeitet sie zwar nicht daran, ihrer erkalteten Beziehung neues Leben einzuhauchen, fordert Lester aber auf, die Fassade einer harmonischen Beziehung aufrechtzuerhalten: „Just do me a favor. Act happy tonight." Bei Carolyn hat das Image alle menschlichen Belange und herkömmlichen Lebensinstinkte überlagert.

Unterdrückung der Sexualität

Der Gegensatz zwischen Schein und Sein, die Ich-Schwäche der Figuren und ihr gestörtes Verhältnis zu anderen zeigt sich nirgendwo deutlicher als in ihrer Sexualität.[20] Beim Sex ist der Anpassungsdruck durch die Gesellschaft ebenso groß wie der Hang des Einzelnen, sich selbst und andere über die wahre Identität zu belügen. Die Bandbreite der Ausdrucksformen ist begrenzt, vor allem Homosexualität ist Aversionen ausgesetzt. Ironischerweise scheinen Jim und Jim die einzigen Menschen am Robin Hood Trail mit einer intakten Beziehung zu sein. Alle anderen unterdrücken ihre sexuellen Bedürfnisse mit teilweise selbstzerstörerischen Konsequenzen. Douglas Willard sieht darin sogar das thematische Zentrum von *American Beauty*:

20 Vgl. Pennington, Jody W.: *History of Sex in American Film*. Westport, Conn.: Praeger, 2007. Die Autorin schreibt über *American Beauty*: "Besides being central to identity, sex is also crucial for relationships." (S. 105).

> *It is sex –* illicit *sex, of course – and sexual desire and imagination that start the emotional thaw or breakthrough to a "better life." Whether homosexual or heterosexual, sex is presented as a source, if not the source, of genuine goodness in life, and its repression by rules and a framework of propriety is wrong, even deadly. Its repression fills you full of pain and meanness.*[21]

Carolyn hat diesen „emotional thaw", das Auftauen ihrer Gefühle und das Erwachen aus ihrer Starre, dringend nötig, denn sie hat jahrelang die Rolle einer perfekten und glücklichen Ehefrau gespielt, ist aber in Wirklichkeit „sexually frustrated", weil Sex in ihrer Ehe schon lange nicht mehr stattgefunden hat. Die Vermutung liegt nahe, dass sie ihre sexuellen Energien in die Steigerung ihres beruflichen Ehrgeizes umleitet. Sie „sublimiert" sie (wie auch Barbara Fitts, die mit einem latenten Homosexuellen verheiratet ist) durch zwanghaften Perfektionismus[22] und Ordnungsliebe. Einmal sieht man Carolyn bei einer hektischen Putzaktion, bezeichnenderweise in verführerischer Unterwäsche und Pumps **(Abb. 10/X im Bildteil)**. In *American Beauty* findet das Verdrängte ständig Ausdruck, am harmlosesten noch in den Flaschen, die Lester immer wieder in phallischer Manier den Frauen entgegenhält **(Abb. 13/XIII im Bildteil)**. Carolyns Ausweg ist schließlich eine Affäre mit Buddy Kane. Bedürfnisbefriedigung findet am Robin Hood Trail vorwiegend im Abseits statt und in Formen, die sozial inakzeptabel sind, wie Ehebruch, Fantasien über Sex mit Minderjährigen, Voyeurismus und Masturbation. Von allen Figuren hält aber am stärksten Colonel Fitts die Wahrheit über seine sexuelle Orientierung verborgen, sogar und vor

Sublimation der sexuellen Energie

21 Willard, Douglas: *Liberation Through Sensuality. Cinematic Moral Vision in an Age of Feeling.* S. 147 f. In: Geivett, R. D. and Spiegel, James S. (ed.): *Faith, Film and Philosophy. Big Ideas On the Big Screen.* Downers Grove, Ill.: InterVarsity Press, 2007, S. 141–156.

22 Vgl. Indick, William: *Movies and the Mind. Theories of the Great Psychoanalysts Applied to Film.* Jefferson, N.C.: McFarland, 2004, S. 163.

allem vor sich selbst. Er ist ein „gay gay-basher"[23], ein Homosexueller, der sich gegenüber Schwulen besonders intolerant zeigt. Fitts macht die menschlichen Kosten einer Gesellschaft anschaulich, in der die Vorspiegelung falscher Tatsachen und Selbstverleugnung der Normalfall sind. Durch Franks Mord hören die Familien Fitts und Burnham am Ende auf zu existieren, aber sie waren schon vorher ruiniert. Seine Tat ist auch nur Ausdruck des Spiels, an dem sich fast alle beteiligen, mit der Folge, dass die meisten Menschen einsam und verängstigt sind und sich gegenseitig als „freaks" erscheinen.

Menschen werden „freaks"

Schönheit

Die titelgebende „American Beauty" ist eine von zwei Arten von Schönheit, um die es in dem Film geht. Es ist die oberflächliche Schönheit, mit der man sich schmücken kann, wie es Carolyn tut, wenn sie sich zum Beispiel Rosen der Züchtung „American Beauty" in den Vorgarten pflanzt, um die Nachbarn zu beeindrucken **(Abb. 1/I im Bildteil)**. Carolyn verlässt sich darauf, dass das Schöne ihr viele Wege ebnen und ihre Chancen im Leben verbessern wird. Sie folgt unbewusst dem Umstand, dass unser Handeln durch das Ästhetische beeinflusst wird. Evolutionsbiologisch gesehen ist Schönheit ein positives Unterscheidungsmerkmal, ein wesentliches Kriterium der Partnerwahl. Die Fähigkeit zu „ästhetischer Distinktion" hat sich im Lauf der Entwicklungsgeschichte der Arten herausgebildet. Carolyn, Angela und Lester verrichten also eigentlich nur die Arbeit der Evolution, wenn sie ihre Körper anziehender machen oder sich mit schönen Orna-

Oberflächliche Schönheit

23 Indick, S. 164.

menten und Dingen umgeben.[24] Zugleich wird das Schöne üblicherweise mit dem Guten gleichgesetzt. So ist es experimentell bewiesen, dass als schön empfundene Menschen oder solche, die sich zumindest geschmackvoll kleiden und zurechtmachen, für vertrauenerweckender und sympathischer gehalten werden als andere. Daraus können sie auch im Geschäftsleben Vorteile ziehen.

Sphäre der Täuschung

Allerdings erweist es sich in *American Beauty* als gefährlich, auf die Wertbeständigkeit der Schönheit zu vertrauen; dies gilt sowohl für die „Schönen" selbst wie auch für diejenigen, die sich von ihnen beeindrucken lassen. Es handelt sich um eine weitere Sphäre der Täuschung und des Selbstbetrugs, in welcher kaum greifbar ist, was als wirklich und wahr gelten kann. Außerdem ist die Aussage „Was schön ist, ist auch gut" nach aller Erfahrung in vielen Fällen ein „Fehlschluss"[25]. Das liegt schon daran, dass der Konkurrenzkampf mit den Mitteln der Schönheit auch zahlreiche Opfer hinterlässt, etwa Jane und andere Mitschülerinnen Angelas, die weniger Aufmerksamkeit auf sich ziehen und deren Selbstwertgefühl empfindlich leidet. Im Übrigen eignet sich Schönheit in der Massen- und Konsumgesellschaft der Gegenwart kaum noch als tatsächlicher Ausdruck gehobener Individualität, weil sich fast niemand dem Diktat der vorherrschenden Idealvorstellungen entziehen kann. Dem „Schönen" wird zu erkennbar nachgeholfen, es stammt aus dem Katalog, wird industriell gefertigt und ist mit einem Preisschild versehen – so kosten Carolyns Sofa und Janes „boob job" ungefähr das gleiche (4.000

24 Vergleiche zu dieser Thematik Menninghaus, Winfried: *Das Versprechen der Schönheit*. Frankfurt a. M.: Suhrkamp, 2003.

25 Lotter, Wolf: *Das Schöne und das Gute*, S. 60. In: brand eins, Dezember 2007, S. 50–60. Dieser Aufsatz bietet eine knappe und verständliche Einführung in die Thematik aus Sicht eines Wirtschaftsfachmanns. Im Internet unter http://www.brandeins.de/archiv/magazin/zu-schoen-um-wahr-zu-sein/artikel/das-schoene-und-das-gute.html (Stand Oktober 2009).

bzw. mindestens 3.000 Dollar). Schönes ist heutzutage oft „nicht mehr unterscheidbar, es wird Durchschnitt, ist ein Schönheitsstandard"[26]. Die Sorge, dadurch auf ein Mittelmaß herabzusinken, setzt nur die Maßstäbe immer höher und führt zu verzweifelten Versuchen, die eigene Unvollkommenheit doch noch zu beseitigen. Trotz aller Bemühungen schaffen es aber vor allem Carolyn und Angela nicht, ihre Welt über das Banal-Alltägliche hinaus zu erheben. Jane steigt schließlich aus der Konkurrenz um perfekte Schönheit aus, nachdem sie bemerkt hat, dass die bewunderte Freundin Angela „just too perfect" ist, also eigentlich nichts Besonderes.

Transzendente Schönheit

Die zweite Art von Schönheit in *American Beauty* überwindet die geheimnislose und entzauberte Welt der Wohlstandsgesellschaft. Rick weiß, dass das, was wir mit unseren Sinnen wahrnehmen, nicht alles ist. Er kennt eine Überlebenstechnik, mit deren Hilfe er die engen Grenzen des Erlebens überwindet, die Suburbia ihm setzt. Damit dringt er unter die äußere Erscheinung von Menschen und Dingen vor und findet dort eine Substanz, eine „Schönheit", die nicht mit der absichtsvoll erzeugten „American Beauty" gleichzusetzen ist. Auf diese Weise kann er selbst inmitten des trivialen Alltags erstaunliche Erfahrungen machen und sogar Wunder erleben. So spürt Rick beim Anblick einer erfrorenen Obdachlosen: „It's like God is looking right at you". Er macht hier eine Erfahrung der Transzendenz, d. h., er lässt den Horizont des nur sinnlich Wahrnehmbaren hinter sich. Solche Erlebnisse sind Epiphanien, d. h. magische und feierliche Momente der Klarsichtigkeit. Inmitten einer gewöhnlichen Umgebung scheint plötzlich eine existenzielle Wahrheit auf. Damit gelangt Rick zu einem Gefühl der Sicherheit und inneren Stärke, welches ihn die Schwierigkeiten meistern lässt, womit ihn das Le-

26 Lotter, ebd., S. 63.

ben konfrontiert. Er weiß, dass er keine Angst haben muss, seit er erkannt hat, „that there was this entire life behind things, and this incredibly benevolent force". Auch Lester hat ein transzendentes Erlebnis, als er völlig unvermittelt die Wahrheit über Angela erfährt. Schlagartig blitzt vor ihm auf, dass er erst jetzt ihre eigentliche Schönheit sieht („You are so beautiful."), die eines unschuldigen Kindes. Diese Schönheit erfüllt ihn mit Ehrfurcht, weil er in einer Welt der Selbsttäuschung gelebt hat und nun schlagartig der Schleier von der Wirklichkeit fortgerissen wird.

Ricks Wege zur Transzendenzerfahrung

Rick macht Transzendenzerfahrungen nicht nur zufällig. Er hat dafür günstige Voraussetzungen, weil ihn die Angelegenheiten des Alltags nicht völlig in Anspruch nehmen. Auch ist materieller Besitz wie seine Kameraausrüstung für ihn nur ein Mittel zum Zweck. Die anderen sind hingegen auf sich selbst und ihre kurzfristigen Ziele fixiert und kommen deshalb über ihre begrenzte Welt kaum hinaus. Rick jedoch hat sich innerlich von seiner Umgebung gelöst und nimmt die Haltung eines distanzierten und gelassenen Beobachters ein. Betrachtet er einen Menschen oder Gegenstand hinreichend lange, dann erscheint er nicht mehr banal, sondern offenbart eine innere Dimension, die Rick als schön bezeichnet. Dieses Sich-Zeitnehmen und Beobachten ist das Geheimnis von Ricks Transzendenzerfahrungen. Auch nimmt er die Wirklichkeit als Ganzes wahr und verdrängt nicht das vordergründig Hässliche oder Wertlose. Seine intensivste transzendente Erfahrung erlebt er ausgerechnet beim Betrachten eines Plastikbeutels, der in der Gosse gelandet ist und minutenlang vom Wind hin und her getrieben wird. Der Beutel ist ein zu Müll gewordener und achtlos weggeworfener Gegenstand, der in seinem jetzigen Zustand die Flüchtigkeit der Überflussgesellschaft verkörpert. Aber gerade weil er nun keinen Gebrauchswert mehr hat und nutzlos ist, zieht er Rick in seinen Bann. Die Schönheit des Plastikbeutels besteht in seiner Zweckfreiheit; dadurch gewinnt er etwas Leichtes und Spielerisches, das im Leben der Menschen in *American Beauty* ansonsten fehlt.

Schönheit und Tod

Schönheit steht in *American Beauty* in enger Verbindung mit dem Tod; der Film ist durchzogen vom „Memento mori". Wird man nämlich laufend daran erinnert, dass der Mensch sterben muss, relativiert dies schon allein den Wert von Wohlstand und äußerer Schönheit, denn diese Dinge überdauern den Tod nicht. Die transzendente Schönheit lässt sich überhaupt nur durch ihre Nähe zum Tod wirklich erkennen. Gerade bei seinen Erlebnissen mit dem toten Vogel und der Obdachlosen überschreitet Ricky die Grenze zwischen dem Alltag und etwas anderem. Er scheint schon zu ahnen, was Lester erst erfährt, als er stirbt – dass der Mensch nämlich im Moment seines Todes von der gesamten Schönheit der Welt und seines eigenen Lebens überwältigt wird: „It's hard to stay mad when there is so much beauty in the world. Sometimes I feel like I'm seeing it all at once, and it's too much. My heart fills up like a balloon that's about to burst." Deshalb ist Ricky nicht entsetzt, sondern nur erstaunt, als er den ermordeten Lester findet. Er erwidert das Lächeln im Gesicht des Toten, das ihm die letzte Bestätigung bietet.

„American Beauty"	Transzendente Schönheit
Materie	Leben
begrenzt	überschreitet Grenzen
entzaubert	geheimnisvoll
zweckgebunden	zweckfrei
Oberfläche	Substanz
Anschein von Vollkommenheit	Vollkommenheit
„joyless"	„joy"
Täuschung	Wahrheit
Zorn	Gelassenheit
klammert sich an das Leben	Tod als Teil des Lebens
trennt	verbindet

Filme über Transzendenzerfahrungen

Vertigo (1958), *Wilde Erdbeeren* (1958), *Groundhog Day* (1993), *Eyes Wide Shut* (1999), *The Sixth Sense* (1999), *Memento* (2000), *21 Grams* (2003), *Birth* (2004), *Pan's Labyrinth* (2006), *The Darjeeling Limited* (2007)

American Beauty und Philosophie

In der Darstellung von Lesters Ende schwingen Vorstellungen vom Weiterleben nach dem Tod mit, die sich nicht eindeutig christlichen, platonischen oder anderen Lehren zuordnen lassen, die aber jedenfalls der rein materialistischen Gegenwartskultur eine Sphäre der Spiritualität entgegensetzen. Weiterhin

Philosophischer Subtext

hat *American Beauty* einen ungewöhnlich dichten Subtext aus philosophischen Ideen, der für den Zuschauer nicht offen zutage liegt, der ihm aber auch nicht unmittelbar bewusst sein muss, um den Film zu genießen. Durch die vielen Bezüge zu literarischen und philosophischen Vorgängertexten entfaltet er jedoch bei mehrfachem Sehen immer neue überraschende Bedeutungsschichten und Assoziationen. Die wichtigsten Konzepte, auf die *American Beauty* anspielt, sollen im Rahmen dieser Erläuterung deshalb zumindest erwähnt werden:[27]

- **Platons Höhlengleichnis**
  Der antike griechische Philosoph Platon (427–347 v. Chr.) vergleicht das Dasein mit dem Aufenthalt in einer unterirdischen Höhle. Der Mensch ist gefesselt und sitzt mit dem Rücken zum Eingang. Die Schatten der Dinge, die er auf einer kahlen Wand erblickt, hält er für die alleinige Wirklichkeit. In *American Beauty* hat anfangs nur Ricky die Höhle verlassen und weiß, dass es mehr als nur Schatten und Illusionen gibt. Wenn ein Mensch wie er aber in die Höhle zurückkehrt, um den dort verbliebenen zu sagen, was er gesehen hat, so weisen die meisten ihn heftig ab. Weil er aber weiß, dass sie in einem Wahn befangen sind, nimmt er ihren Zorn nicht persönlich und bleibt gelassen. Unter Rickys Anleitung löst auch Jane allmählich ihre Fesseln, verlässt die Höhle und nimmt die Welt wahr, wie sie wirklich ist. Carolyn, Frank Fitts, Angela und Lester sehen am Ende des Films ebenfalls das Licht, aber abrupt und mit den unterschiedlichsten Folgen.

27 Vgl. zum Bereich der Philosophie u. a. den Aufsatz von Hole, George: *"American Beauty": Look Closer.* In: Movies and the Meaning of Life. Philosophers Take On Hollywood. Edited by Kimberley A. Blessing and Paul J. Tudico. Chicago: Open Court, 2005, S. 153–168.

- **Kants Theorie des Schönen**
  Für den deutschen Philosophen Immanuel Kant (1724–1804) bedeutet Schönheit „Zweckmäßigkeit ohne Zweck". Damit ist gemeint, dass wir einen Gegenstand als schön empfinden, wenn er als Ganzes im Zusammenspiel mit allen seinen Teilen vollkommen zweckmäßig erscheint, ohne aber einem einzelnen und vorübergehenden Zweck zu dienen. Dieses Schöne wirkt auf uns, als sei es eigens geschaffen, damit wir uns darin versenken, und vermittelt so dem Betrachter den Eindruck einer darin verborgenen höheren Wahrheit. Auf die Rosen der Züchtung „American Beauty" in Carolyns Garten trifft nichts davon zu; sie verbergen keinen Sinn, der über sie hinausweist, dienen aber einem erkennbaren Zweck, nämlich Carolyns Nachbarn zu beeindrucken. Im Sinne Kants sind diese Rosen ebenso wenig schön wie ihr Mercedes oder ihr Designersofa.

- **Die Theorie des Erhabenen**
  Die wichtigsten Theorien des Erhabenen stammen vom irischen Philosophen Edmund Burke (1729–1797) und Kant. Das Gefühl des Erhabenen entsteht, wenn das Ich einer Erscheinung gegenübersteht, die es durch ihre Größe und Unbegreiflichkeit überwältigt. Angesichts des Erhabenen fühlt der Mensch sich klein und ohnmächtig. Es erzeugt einen Schrecken, der aber genussvoll durchlebt wird, denn es macht feierlich und gebietet Ehrfurcht. So ängstigt und stärkt es zugleich das Ich. Burke und Kant nennen vor allem Naturgegenstände als Beispiele für das Erhabene, es findet sich im schroffen Gebirge und im Sturm auf hoher See. Rick erlebt es u. a., wenn er überraschend mit dem Tod konfrontiert wird.

- **Der amerikanische Transzendentalismus**
  Der US-amerikanische Philosoph und Schriftsteller Ralph Waldo Emerson (1803–1882) und andere Autoren des Transzendentalismus (der amerikanischen Romantik) glauben, dass jeder Mensch und die Natur von einem „göttlichen Funken" erhellt sind. Es ist naheliegend, diesen Funken mit der überwältigenden Schönheit gleichzusetzen, die Rick überall findet („Sometimes there is so much beauty in the world. I feel like I can't take it and my heart's going to cave in."). Rick verwendet auch die für den Transzendentalismus kennzeichnende Metapher des Herzens: Das Herz versinnbildlicht den Einklang zwischen menschlicher Seele und Natur. Intuitiv erkennt der Mensch zeitlose Wahrheiten. Schließlich findet man in *American Beauty* auch das vor allem für den US-amerikanischen Philosophen und Schriftsteller Henry David Thoreau (1817–1862) typische Misstrauen gegen den Staat wieder, in diesem Falle gegen das System des Konsumkapitalismus. Rick und Lester üben zivilen Ungehorsam und nehmen damit ein Recht wahr, das ihnen die Transzendentalisten zubilligen würden.

- **Zen-Buddhismus**
  Rick könnte auch als eine Art Lehrmeister gedeutet werden, der Jane und Lester in Praktiken einweist, die denen des Zen-Buddhismus nicht unähnlich sind. Sie erfahren durch ihn, was Stille und Versenkung sind, wie sie die Fesseln des Ichs abwerfen und sich von irdischen Belanglosigkeiten lösen können. Ricky lehrt sie, wie alles in der Welt mit allem verbunden ist und dass man selbst in der Betrachtung einer Plastiktüte im Wind Schönheit erkennen kann. Diese Erfahrung kosmischer Einheit ist wohl auch der Grund dafür, dass Ricky kein Fleisch isst.

American Beauty legt auch Fährten zu einigen literarischen Texten, in deren Tradition der Film sich damit stellt, vor allem zu Arthur Millers Drama *Death of a Salesman* (1949). Dessen Protagonist Willy Loman trägt den gleichen Nachnamen wie die Nachbarn, die aus dem Haus neben den Burnhams ausgezogen sind. Willy hat nur seine Illusionen und verdrängt, dass er immer ein Niemand bleiben wird. Jahrzehntelang hat er sich vergeblich als Handelsvertreter abgeschuftet, um sich und seiner Familie den Traum vom sozialen Aufstieg und vom Wohlstand zu erfüllen, nur um mit dreiundsechzig Jahren vor der Kündigung zu stehen. Aus *American Beauty* spricht die Ansicht, dass Willy auch mehr Erfolg nicht geholfen hätte. Lester und Carolyn haben ein teures Haus und einen Mercedes und sind trotzdem nicht froh. Das Stück und den Film verbindet die gleiche Skepsis gegenüber dem American Dream, und beide enthalten den Appell, dass das Leben sich nicht nur um das Emporkommen und den materiellen Besitz drehen darf, sondern dass einfache Dinge und die Hinwendung zu den Menschen wieder im Mittelpunkt stehen sollten.

American Beauty und *Death of a Salesman*

4. Figuren und Figurenkonstellationen

Lester Burnham

Lester ist eine Figur, die keine individuelle Vorgeschichte hat. Er ist ein Jedermann der Vororte, ein Durchschnitts-Angestellter, in dem sich zahllose Zuschauer wiedererkennen können. Man erfährt hauptsächlich, dass Lester in früheren Zeiten fähig war, Freude zu empfinden, so als Kind beim Betrachten des Sternenhimmels im Pfadfinderlager und auch in der Anfangszeit seiner Beziehung zu Carolyn. Mehrfach blickt er im Verlauf des Films nostalgisch auf ein altes gerahmtes Foto, das die Burnhams in einem Vergnügungspark zeigt und das beweist, dass sie als Familie einmal gemeinsam glücklich waren **(Abb. 16/XVI im Bildteil)**. Irgendwann entschied er sich, wie viele andere, für eine Karriere und ein großes Haus in den Suburbs. Nun zieht er im Alter von 42 Jahren Bilanz und stellt fest, dass er in ein Leben hineingeraten ist, das er so nicht gewollt hat. Diese Erkenntnis löst eine tiefgreifende Veränderung aus, an deren Ende Lester seine Glücksfähigkeit zurückgewinnt, die aber auch mit seinem Tod abschließt.

Ein Jedermann

Lesters Entwicklung verläuft in mehreren Phasen. In der ersten Phase überwiegt das Gefühl der Entfremdung. Das Streben nach materiellen Werten und Ansehen hält er plötzlich für ebenso sinnlos wie den allgegenwärtigen Drang zur Selbstdarstellung. Lester durchschaut die Heuchelei, mit der Carolyn und seine Vorgesetzten ihre eigennützigen Motive bemänteln, als „propaganda". Durch seine Arbeit bei einer Zeitschrift für Marketing und Werbung ist er selbst Teil des Systems, das Illusionen und Oberflächenreize produziert, hat aber an dieser Tätigkeit das Interesse verloren

Entfremdung

und verhält sich entsprechend passiv. Sein Arbeitsplatz befindet sich in einem unpersönlichen Großraumbüro, wo er sich austauschbar und machtlos vorkommt. Beim Gespräch mit Brad, dem „efficiency expert", zeigt die Kamera, wie Lester wehrlos im Sessel versinkt und Brad auf ihn herunterblickt. Sein Bedürfnis nach menschlicher Nähe bleibt sogar in der Familie unbefriedigt. In Lesters Ehe herrscht Kälte vor, weil Carolyn nur auf Status, Geld und die makellose Ausstattung ihres Hauses fixiert ist **(Abb. 3/III im Bildteil)**. Während er sie als Streberin belächelt, verhehlen Ehefrau und Tochter ihrerseits kaum ihre Verachtung für Lester. Er ist sich bewusst, dass sie ihn für einen „gigantic loser" halten. Lester gilt als hoffnungsloser Fall, der nicht den nötigen Einsatz zeigt und es zu nichts bringen wird, weil er nicht effizient und flexibel genug ist für die Anforderungen der beruflichen Konkurrenz. Sein Leben befindet sich zu diesem Zeitpunkt längst in einem unerträglichen Stadium der Unordnung und des Niedergangs. Insgesamt mangelt es ihm vollständig an Selbstbewusstsein und Vitalität, er existiert nur noch mechanisch: „In a way, I'm dead already" **(Abb. 4/IV im Bildteil)**. Aber die Erinnerung an früheres Glück ist bloß verschüttet, die Hoffnung auf Rückkehr besserer Zeiten nicht völlig verloren: „I have lost something. I'm not exactly sure what it is, but I know I didn't always feel this ... sedated. But you know what? It's never too late to get it back." Hohen Symbolwert für diese Phase seiner Entwicklung hat die Szene am Beginn des Films, als Lester morgens lustlos und verspätet vor die Haustür tritt und der Aktenkoffer aufgeht. Der Inhalt entleert sich auf den Boden und nötigt Lester dazu, auf die Knie zu gehen und alles aufzuheben. Der Ordner, den er mit der einen Hand aufhebt, ist rot – in dem Film die Farbe für das Leben –, während er in die andere Hand einen Ordner nimmt, der das gleiche Blau hat wie Carolyns Kleid und die teuren Lampen und das Designersofa im Haus, also alles, was ihm das Gefühl verschafft, nicht mehr zu leben **(Abb. 2/II im Bildteil)**. Noch am selben Tag entscheidet sich Lester für Rot und dafür, wieder aufrecht zu gehen und Ordnung in sein Leben zu bringen.

Phase der Regression

Lester muss aber zunächst eine Phase durchleben, in der Aggression und Regression von ihm Besitz ergreifen. Als Lester in dem Gespräch mit Brad erfährt, dass sein Job akut gefährdet ist und er sich unfair behandelt fühlt, kann er seine aufgestaute Wut nicht mehr unterdrücken. Er droht Brad damit, Insider-Informationen über finanzielle Unregelmäßigkeiten des Firmenchefs zu enthüllen. Später provoziert er offen seinen Rauswurf und nutzt sein Wissen, um eine großzügige Abfindung zu erhalten. Lester geht sogar soweit, Brad mit einer Klage über eine frei erfundene sexuelle Nötigung zu erpressen. Auch Carolyn gegenüber verhält er sich zunehmend feindselig und verletzend („you bloodless, money-grubbing freak"). Er klagt nun heftig Respekt ein („I'm sick and tired of being treated like I don't exist.") und unterstreicht seine Forderung, indem er sie einschüchtert, z. B. als er einen Teller mit Spargel an die Wand wirft. Lesters Zornausbrüche sind Hinweise auf einen Rückfall in unreife Stadien der Persönlichkeitsentwicklung. Seine Selbstbehauptung äußert sich hier in starkem Trotzverhalten, in einer Verweigerung von Kommunikation, wodurch er diejenigen brüskiert, von denen er sich an den Rand gedrängt glaubt. Ein Zeichen von Regression ist außerdem, dass Lester sich nun in Tagträumen verliert, statt aktiv sein Leben neu zu gestalten. Er möchte ausdrücklich eine Arbeit annehmen, die „the least possible amount of responsibility" mit sich bringt. Er richtet sich innerlich wieder in der rebellischen Gegenkultur des Jahres 1973 ein, als er Student war, jede Menge Spaß hatte und vor allem „my whole life ahead of me". Wie damals raucht er wieder Marihuana und nimmt einen

Job hinter der Theke eines Burger-Restaurants an. Seine Energie richtet er nun eine Weile lang vor allem darauf aus, sich Jugendträume nachträglich zu erfüllen, u. a. dadurch, dass er sich einen 1970er Pontiac Firebird kauft. Was aber vor allem seine Lebensgeister weckt und sein langjähriges „coma" beendet, ist die Aussicht, mit der Highschool-Schönheit Angela zu schlafen.

Erwachen des Verantwortungsbewusstseins

Die letzte Phase in Lesters Entwicklung setzt mit Angelas Geständnis ein („This is my first time."). Ausgerechnet in dem Moment, als Angela nackt vor ihm liegt und Lester der Erfüllung seiner kühnsten Sex-Fantasie ganz nah zu sein scheint, findet er zu sich selbst. In seinem Buch *Movies and the Mind* deutet William Indick diesen Moment als Geburt eines reifen und verantwortungsbewussten Lester, der allerdings nur noch kurze Zeit zu leben hat:

> *Angela's confession rocks Lester out of his fantasy world of pseudo-adolescence, reminding him that he is not an eighteen-year-old kid, but a middle-aged husband and father. This changes his personal identification from an irresponsible teenager to a responsible father figure, and leads to an immediate change in his behaviour. Lester suddenly stops lusting after Angela like a horny schoolboy, and acts in a very paternal manner.*[28]

Tatsächlich kümmert sich Lester nun um Angela wie ein Vater, er tröstet sie und kümmert sich darum, dass sie nicht friert und hungrig ist. Außerdem erkundigt er sich nach Jane und ist froh, als er erfährt, dass sie glücklich und verliebt ist. Seine gesamte Wut ist von Lester abgefallen (**Abb. 16/XVI im Bildteil**), und alles erfüllt ihn in dieser Phase mit Dankbarkeit („And I can't feel anything but gratitude for every single moment of my stupid little life"), auch der Anblick des Familienfotos aus glückli-

28 Indick, S. 168 f.

cher Vergangenheit, das er in den Händen hält, als Colonel Fitts' Kugel ihn trifft.

Kevin Spacey

Der bleibende Eindruck, den Lester Burnham beim Zuschauer hinterlässt, verdankt sich in starkem Maß der Besetzung. Kevin Spacey hat sich vor allem in seinen Theaterrollen nach eigener Aussage auf Männer spezialisiert, die sich innerlich zerrissen fühlen („having an inner turmoil with themselves"[29]). Zahlreiche Facetten des Charakters, die man auf den ersten Blick nicht unbedingt bei dem Protagonisten in einem „Suburban angst drama" erwarten würde, kennt man von Spacey aus Filmen wie *L. A. Confidential*, wo er einen korrupten Polizisten spielt. Wenn Lester z. B. seinen Vorgesetzten erpresst, greift Spacey auf seine Qualitäten als „bad boy" mit exzentrischen Zügen zurück. Typisch für Spaceys Leinwandpersönlichkeit ist seine Mischung aus Selbstironie und Hinterhältigkeit, sein „self-deprecating hangdog charm"[30]. Seine Unschuldsmiene verschweigt mehr, als sie sagt, und wirkt auf sein Gegenüber entwaffnend. Aus Brads Worten spricht schon fast Anerkennung für Lester: „Man, you are one twisted fuck."

Carolyn Burnham

Karikatur einer Karrierefrau

Lester ist dem Zuschauer sympathischer als Carolyn. Man verfolgt wohlwollend seine Anstrengungen, sich von seiner Frau zu lösen. Carolyn wirkt in einigen Szenen wie die Karikatur einer verkrampften Karrierefrau, der es an Warmherzigkeit fehlt und die nur auf Erfolg und äußere Wirkung bedacht ist. Alles, was sie tut, ist so gewollt und einstudiert, dass sie von anderen wie Angela sofort

29 http://www.filmreference.com/Actors-and-Actresses-Sc-St/Spacey-Kevin.html (Stand Oktober 2009).

30 Ebd.

als „phoney" durchschaut wird **(Abb. 1/I im Bildteil)**. Auch andere Dinge, die im Film über sie gesagt werden (z. B. sie sei „joyless"), erscheinen dem Zuschauer spontan zutreffend. Ihre Sprache ist phrasenhaft und gestelzt, dabei ihrer Familie gegenüber oft mit Ironie durchtränkt: „I'm so glad. I think using illegal psychotropic substances is a very positive example to set for our daughter." Sie leidet unter Kontrollzwang und ist für ihre Familie schwer erträglich. Wegen dieses negativen Porträts einer berufstätigen Mutter hat *American Beauty* auch Kritik auf sich gezogen. Kathlyn Rowe Karlyn etwa sieht in dem Film „an anti-feminist backlash against the working mother/wife"[31].

Das Bild Carolyns ist allerdings weit weniger schlicht, als man zunächst vermutet. Annette Bening hält es kunstvoll in der Schwebe, ob Carolyn aufgrund ihres Ehrgeizes so obsessiv ist oder ob sie nicht zwanghaft den Erfolg sucht, weil sie frustriert ist. Ambivalente Charaktere sind Benings Spezialität, seit sie mit der Rolle der Myra Langtry in *The Grifters* („tough and vulnerable, in love yet double-crossing"[32]) bekannt wurde. Je länger die Handlung in *American Beauty* voranschreitet, desto mehr Nuancen werden an Carolyn erkennbar und desto mehr spürt man auch bei ihr eine Verzweiflung, die nicht geringer ist als bei anderen Charakteren. Statt aber vor dem zu fliehen, worunter wohl auch sie leidet – der Leere der Massen- und Konsumgesellschaft – sucht sie nach Linderung, indem sie deren Verheißungen besonders rastlos nachjagt. Sie findet dabei keine Befriedigung, sondern nur Erschöpfung („I was so stressed out."). Es gibt mehrere deutliche Hinweise darauf, dass Carolyn ihr wahres Wesen verdrängt hat, denn frü-

Ambivalenz der Figur

Verdrängung ihres alten Selbsts

31 Karly, Kathleen Rowe: *"Too Close for Comfort": American Beauty and the Incest Motif*, S. 71. In: Cinema Journal. Vol. 44, No. 1 (Fall 2004). S. 69–93.

32 http://www.filmreference.com/Actors-and-Actresses-Ba-Bo/Bening-Annette.html (Stand Oktober 2009).

her war sie unbeschwert und fröhlich. Lester betrauert den Verlust der Carolyn, die andere mit ihrem Lachen und ihrer unbeschwerten Art ansteckte: „Whatever happened to that girl who used to fake seizures at frat parties when she got bored? And who used to run up to the roof of our first apartment building to flash the traffic helicopters?" Es gibt bei ihr aber auch eine dunkle Seite, die ihre Veränderung erklärt: Seit ihrer Jugend hat sie das Gefühl, sozial benachteiligt und auf sich allein gestellt zu sein („You cannot count on anyone except yourself."). Sie hat sich geschworen, nie wieder ein Opfer zu sein. In der Atmosphäre von Suburbia hat diese kämpferische Seite offenbar von ihr Besitz ergriffen, aber die Fruchtlosigkeit ihrer Bemühungen sind wieder ein Hinweis darauf, dass Carolyn in der smarten Geschäftsfrau nicht ihre wirkliche Bestimmung findet. Mit ihrem aufgesetzten Image wirkt sie als Verkäuferin nicht authentisch genug, so dass ihre Kunden die Maskerade durchschauen. Bei genauer Betrachtung ist zu erkennen, dass Carolyn nicht allein verantwortlich für den Niedergang ihrer Ehe ist. Als die Filmhandlung beginnt, hat sich Lester schon vollkommen von ihr abgewandt. Er lässt Carolyn spüren, dass sie für ihn als Frau ihren Reiz verloren hat. Dabei ist er selbst in Routine versackt und wirkt völlig uninspiriert. Nach Jahren der Lieblosigkeit und Sexlosigkeit („You think you're the only one who is sexually frustrated?") genügt Carolyn bereits ein einziges Treffen mit Buddy Kane in einem schlichten Motel, um wesentlich entspannter zu wirken. Ihre neue Ungezwungenheit hat auch damit zu tun, dass der gefürchtete Konkurrent Buddy sich bei näherer Bekanntschaft auf menschliches Normalmaß reduziert hat. Carolyn weiß nun, dass sie sich vor niemandem fürchten muss. In der Sofa-Szene (**Abb. 13/XIII im Bildteil**), als Lester noch einmal versucht, sie zu verführen, gibt es einen Moment, in dem sie erkennbar nicht abgeneigt ist. Als sie ihn dann aber, um das Möbelstück zu schonen, aus der Stimmung gebracht hat, sagt ihr Blick, dass sie über sich selbst erschrocken ist. Der entscheidende Durchbruch auf dem Weg zurück zum wahren Selbst findet bei Carolyn erst statt, nachdem ihre letzten Illusionen geplatzt sind. Dies geschieht bei der unerwarteten Konfrontation mit Lester im Mr Smiley's. Das Verhältnis mit Buddy hat sofort einen schalen Beigeschmack und wird von ihm umstandslos beendet. Auf der Fahrt nach Hause im Regen brechen bei Carolyn alle emotionalen Dämme. Sie führt einen heftigen Kampf mit sich selbst, an dessen Ende ihr vorher unterdrücktes Ich und ihre Liebe zu Lester die Oberhand gewinnen. Sie kann ihn aber nur noch im Selbstgespräch erreichen („Lester, I have something I have to say to you.") und ihr Gesicht in seiner Kleidung im Schrank vergraben, denn als sie das Haus betritt, ist Lester gerade erschossen worden.

Rückkehr zum früheren Selbst

Jane Burnham

Ein verwirrter Teenager

Die Tochter der Burnhams „is a pretty typical teenager. Angry, insecure, confused." Dass Lester dies erkannt hat, bedeutet nicht, dass er ihr eine Hilfe wäre. Erst nachdem seine Krise sich verschärft hat, fällt ihm wieder ein, dass er und Jane früher „pals" waren **(Abb. 8/XIII im Bildteil)**. Als er sich nun halbherzig bemüht, mit ihr zu sprechen, ist sie irritiert und weist ihn schroff zurück: „I mean, hello. You've barely even spoken to me for months." Auch ihre Mutter hat wenig Zeit und Verständnis für die Tochter. Nach der heftigen Auseinandersetzung zwischen den Eltern beim Abendessen nimmt Carolyn Jane beiseite für ein ernstes Mutter-Tochter-Gespräch, aber Jane durchschaut das Theatralische an der Situation. Selbst vor der Tochter setzt Carolyn sich in Positur und inszeniert einen „Kodak moment". Aus Hilflosigkeit schlägt sie Jane schließlich ins Gesicht, für die Tochter ein weiterer Beleg, dass die Eltern bedauernswerte „freaks" sind.

Fehlende Orientierungsangebote

Jane lebt in einer Welt, in der die Grenzen verschwimmen zwischen jungen Leuten, die noch Orientierung brauchen, und älteren, die ihnen dabei helfen sollten. Selbst in ihrem unreifen Zustand ist Jane weitsichtiger als ihre Eltern und weiß, was sie bräuchte: „I, too, need structure and a little fucking discipline". Insgesamt fehlt es ihr an Identifikationsangeboten, wodurch sie genötigt ist, für sich selbst zu sorgen, was sie dann auch tut, nachdem sie Ricky kennengelernt hat und sich seiner Flucht aus Suburbia anschließt. Dass Ricky wiederum zu viel „structure and discipline" aufgezwungen wurde, zeigt dabei nur, dass in der Gesellschaft insgesamt kein Konsens darüber herrscht, wie sie mit jungen Leuten umgehen soll, und dass sie deshalb in jeder Richtung falsch agiert. Jane fürchtet, dass sie als Folge des elterlichen Versagens „psychological damage" erleiden könnte.

Lester kann einem Teenager keine Anleitung geben, weil er die Gefühlsverwirrung der Pubertät selbst nie ganz überwunden hat. Er steht gerade an der Schwelle zu einem kompletten Rückfall in die Adoleszenz, was Jane nicht entgangen ist. Es macht sie traurig, dass ihr Vater als Vorbild nicht zur Verfügung steht: „I need a father who's a role model, not some horny geek-boy who's gonna spray his shorts whenever I bring a girlfriend home from school". In Janes Enttäuschung über die mangelnden Vaterqualitäten Lesters mischt sich Eifersucht, da er so offensichtlich in ihre Freundin Angela verliebt ist. In Wirklichkeit wünscht sie, sie wäre „anywhere near as important to him as she is".

Eifersucht

Jane hat am Anfang wenig Selbstvertrauen, vor allem in ihren Körper. Sie glaubt, nicht geliebt zu werden, weil sie nicht attrak-

tiv genug sei. Mit einem „boob job" will sie ihre vermeintlichen Mängel kompensieren und zu Mädchen wie Angela aufschließen. Erst unter Rickys Einfluss bemerkt Jane aber, dass sie sich von Angela nur hat blenden lassen. Obwohl sie eigentlich viel illusionsloser ist als ihre Eltern, hat sie sich doch gerade in diesem Punkt selbst lange getäuscht. Ihre eigene Körperwahrnehmung war verzerrt, wie gerade die Szene beweist, die Jane mit unverhülltem Oberkörper zeigt. Hier stellt der Zuschauer zu seiner Überraschung fest, dass Jane auch ohne Operation schon vollbusig ist. Selbst nach dem Maßstab fragwürdiger Körperideale hätte sie einen „boob job" unter keinen Umständen nötig.
Auch wenn Jane ein verwirrter Teenager ist, verkörpert sie trotzdem die Utopie in dem Film. Es gibt eine kurze Rückblende in Janes Kindheit, in der man sie als Fee mit funkensprühendem Zauberstab sieht. Später ist sie wie eine „Madonna" (Audio-Kommentar von Sam Mendes) ins Bild gesetzt, wenn sie zwischen Carolyn und Lester am Esstisch sitzt **(Abb. 3/III im Bildteil)**. Mit den Kindern hält *American Beauty* der älteren Generation den Entwurf eines erfüllteren Lebens entgegen, die Hoffnung auf eine Heilung der Gesellschaft. Bei Jane ist noch etwas unverwüstlich Lebendiges vorhanden, das bei ihren Eltern verschüttet ist.

Jane als Fee und Madonna

Angela Hayes

Angelas Familienname ist eine Anspielung auf Dolores Haze, auch Lolita genannt, die Titelfigur von Vladimir Nabokovs berühmtem und mehrfach verfilmten Roman *Lolita* (1955), in dem es um die Leidenschaft eines Mannes mittleren Alters für eine (anfangs) Zwölfjährige geht. Angela ist im Film sechzehn, hat allerdings auch schon mit zwölf Jahren erfahren, dass sie am leichtesten

„Lolita"

durch aufreizendes Verhalten auf sich aufmerksam machen kann: „It started when I was about twelve. I'd go out to dinner with my parents. Every Thursday night: Red Lobster. And every guy there would stare at me when I walked in. And I knew what they were thinking." Sie kompensiert damit den Mangel an echter Beachtung durch die Erwachsenen, worunter sie wie alle jungen Leute in *American Beauty* leidet. Sie hofft, dass ihr Aussehen ihr den Weg aus der Welt der Suburbs ebnen wird, wo sie fürchtet, als Individuum in der Masse unterzugehen. Eine Laufbahn als Model soll ihr Leben einzigartig machen. Vor den anderen Mädchen in der Schule erweckt sie sogar den Eindruck, dass sie bereits mit einflussreichen Männern schläft, um ihre Karriere in die Wege zu leiten. Dass sie deswegen als „total prostitute" beschimpft wird, nimmt Angela wohlwollend zur Kenntnis, denn alles ist für sie besser, als ein gewöhnliches („ordinary") Vorstadtmädchen zu sein: „Hey, that's how things really are. You just don't know because you're this pampered little suburban chick." Dass Janes Vater in sie vernarrt ist, nutzt sie, um der Freundin ihre Überlegenheit zu demonstrieren, aber sie genießt auch das Interesse des älteren Mannes.

Angelas Wunsch, etwas Besonderes zu sein

Im Gegensatz zu Nabokovs Lolita hat Angela weniger von dem Typus der „Nymphe", der unschuldigen Kindfrau, an sich, die mit sexuellen Posen experimentiert. Sie spielt absichtsvoll die Rolle des verdorbenen Kindes, redet ständig in drastischen Worten über Sex und gibt sich verführerisch. Trotzdem wirkt sie völlig leidenschaftslos. Sie reizt die Klassenkameradinnen mit ihrer ungeheuren „Coolness", wenn sie beherrscht und herablassend agiert, keine Schwächen durchscheinen lässt. Mit dieser Methode, sich unangreifbar zu machen, scheitert sie aber bei Rick. Ihre Ablehnung gegen ihn ist auffällig heftig, weil sie spürt, dass er sie durchschaut. Es gelingt ihr nicht, Rick aus ihren Gedanken auszusperren, indem sie ihn als Geisteskranken („mental boy") abqualifiziert, und als ihr Jane unter seinem Einfluss entgleitet, gerät sie zunehmend in die Isolation. Rick wirft Angela schließlich vor, sie habe Jane nur benutzt, „to feel better about yourself" und um zu überspielen, dass sie eigentlich doch „boring" und „ordinary" ist. Damit holt er Angela endgültig auf den Boden der Realität, so wie sie dies wenige Minuten später selbst mit Lester tun wird. Dieses Ereignis führt dazu, dass sie zum ersten Mal seit ihrem Aha-Erlebnis im Red Lobster vier Jahre zuvor ihr wirkliches Ich an die Oberfläche dringen lässt – das Ich eines verunsicherten, anlehnungsbedürftigen und einsamen Mädchens. Von dem Zwang befreit, die Rolle der Lolita spielen zu müssen, wirkt Angela entspannt. Sie lässt ihren Gefühlen freien Lauf und akzeptiert bereitwillig Lesters Rollenwechsel vom möglichen Liebhaber zur Vaterfigur.

Angelas wirkliches Ich

Frank Fitts

Frank Fitts hat homosexuelle Neigungen, die es für ihn als Offizier der Marines nicht geben darf und die mit seinem Selbstbild als Mann unverträglich sind. Eine konventionelle Ehe ist die einzige Lebensform, die er akzeptieren kann und die seine Umgebung von ihm erwartet. Er hat sich deshalb gegen jedes Lustgefühl gepanzert und die militärischen Prinzipien von „structure and discipline" auch auf das Familienleben übertragen. In der Familie Fitts herrscht dadurch eine menschenfeindliche und kalte Atmosphäre, für die Barbara Fitts sich bei Besuchern entschuldigt: „Oh my, I apologize for the way things look around here." Sie ist über den Zustand der Verzweiflung schon hinaus und wirkt leblos und apathisch. Frank Fitts verkörpert somit am unmissverständ-

Verdrängung der Homosexualität

lichsten die negativen Folgen der Unterdrückung der Sexualität durch menschenfeindliche Normen und Tabus. Er ist so vollständig mit Wut angefüllt, dass er zu einer tickenden Zeitbombe geworden ist. Auch wenn in seinem Blick mehrmals Zärtlichkeit für Ricky durchscheint, kann sich Frank letztlich nur durch Gewalt ausdrücken. Dies erklärt auch Fitts' Liebe zu Revolvern und Gewehren; er ist ein Waffensammler, der insgeheim vom Faschismus fasziniert ist, wie der Teller mit dem Hakenkreuz beweist, den er zu Hause aufbewahrt. Der Name Fitts spielt gleichzeitig auf Franks Bemühen um Anpassung an wie auch auf seine Unbeherrschtheit („to fit" – passen; „fit" – Anfall).

Psychologische Abwehrmechanismen

Frank hält seine störenden Impulse und die damit verbundenen Schuldgefühle nur mit Mühe in Schach. Da sie sich nicht einfach verdrängen lassen, müssen ihm zwei psychologische Abwehrmechanismen zu Hilfe kommen: Reaktionsbildung und Projektion. Die Reaktionsbildung besteht darin, dass Frank sich in übertriebener Weise gegen seine eigentlichen Triebwünsche wendet. So redet er auffällig häufig über Homosexuelle, die er abschätzig als „faggots" und „cocksuckers" bezeichnet und denen er das Existenzrecht abspricht. William Indick erläutert genauer, wie der Mechanismus bei Fitts funktioniert: „Frank feels the need to prove to himself and to others around him that he is straight but he is the straightest man on earth. He is more than just not gay, he is the antithesis of gay – he is the *anti-gay*."[33] Dieses Verhalten macht es Fitts auf doppelte Weise leichter: Erstens beweist ihm seine übermäßige Feindseligkeit unzweifelhaft, dass er gar nicht schwul sein kann, und zweitens muss er weniger Energie darauf verwenden, seine Lust zu unterdrücken, weil er einen großen Teil davon in seine homophoben Wutausbrüche umlenkt.[34] Zur Katastrophe führt aber

33 Indick, S. 164.
34 Ebd., S. 164.

schließlich, dass Fitts sich zusätzlich entlastet, indem er seine Homosexualität auf den eigenen Sohn und auf den Nachbarn Lester projiziert. Die Annahme, Ricky und Lester seien schwul, beruht aber auf einer wahnhaft verzerrten Wahrnehmung der Realität, die schreckliche Konsequenzen nach sich zieht.[35] Zunächst führt es den endgültigen Bruch zwischen Vater und Sohn herbei, als Frank Ricky entgegenschleudert: „I'd rather you were dead than be a fucking faggot". Franks Gefühlspanzer hat nun Risse; aber an ihm ist in den langen Jahren alles ins Stocken geraten. Er nähert sich Lester mit ruckartigen, maschinenähnlichen Bewegungen (**Abb. 15/XV im Bildteil**). Als dieser ihn abweist, ist Frank endgültig aller Abwehrmechanismen beraubt. Die nun durch nichts mehr zu leugnende Tatsache, dass er homosexuell ist, empfindet er als so schmerzhaft und demütigend, dass er Lester töten muss.

Aufbrechen des Gefühlspanzers

Ricky Fitts

Ricky ist wie Lester kein herkömmlicher Protagonist, die Bezeichnung Anti-Held eignet sich für beide Figuren. Der jüngere der beiden wirkt auf den ersten Blick wie ein sonderbarer Außenseiter, ein ernster und zu früh gereifter junger Mann. Er beschäftigt sich damit, Dinge zu filmen, welche andere Leute gar nicht beachten, z. B. tote Vögel oder eine Plastiktüte im Wind. Mit seiner Aufmachung nimmt er keine Rücksicht auf Konventionen, er erinnert manche an einen Mönch oder im Falle Angelas an einen „Bibelverkäufer". Als er fünfzehn war, steckte ihn sein Vater in ein Militärinternat, damit er „structure and discipline" lernt. Nachdem Ricky dort hinausgeworfen worden war, reichte er

Anti-Held/Außenseiter

35 Ebd., S. 162.

seinen Sohn in die Psychiatrie weiter, wo man ihn mit Medikamenten vollpumpte. Ricky hat also bereits schmerzlich erlebt, wie die Gesellschaft mit Mitgliedern umgeht, die sich nicht anpassen. Davon kündet sein intensiver, zugleich trauriger und offener Blick. Überraschenderweise verspürt Ricky aber keine Wut mehr wie früher, bevor er in die Klinik kam. Seine Gelassenheit ist unerschütterlich. Er macht sich keine Illusionen, und obwohl er noch jung ist, durchschaut er souverän, woran es der Gesellschaft und jedem Einzelnen fehlt.

Anpassung zum Schein

Ricky weiß aus Erfahrung, dass es keinen Zweck hat, offenen Widerstand zu leisten. Er passt sich zum Schein an, um sich Freiräume zu verschaffen. Dass sein Vater sich bereitwillig belügen lässt, um unangenehmen Wahrheiten auszuweichen, nutzt Ricky aus. Außerdem unterwandert er das System, indem er dessen Methoden und Schwachstellen geschickt nutzt, vor allem die des Militärs, das ihn in Gestalt seines Vaters drangsaliert.[36] So handelt es sich bei seiner hochwertigen Kameraausrüstung im Prinzip um Überwachungs-Technologie, wie sie von der Armee, der Polizei und anderen Institutionen verwendet wird. Rick benutzt die Technik jedoch nicht, um andere zu kontrollieren und auszuspähen, sondern um Schönheit zu finden und zu konservieren. Dies ist für ihn eine Voraussetzung dafür, Macht über sein eigenes Leben zu gewinnen. Um dafür die nötige Distanz und Ruhe zu finden, raucht er das Marihuana G 13, das in Regierungslaboren gentechnisch gezüchtet worden sein soll (Rick: „It's extremely potent, but a completely mellow high. No paranoia.").[37] Außerdem handelt er mit Marihuana, was ihm die nötige finanzielle

36 Vgl. David L. Smith: *"Beautiful Necessities": American Beauty and the Idea of Freedom.* In: Journal of Religion and Film. Vol. 6, No. 2 (October 2002). Im Internet: http://www.unomaha.edu/jrf/am.beauty.htm (Stand Oktober 2009).

37 Die G-13-Geschichte ist eine Legende mit einem Kern von Tatsachen. Größere Verbreitung hat sie vor allem durch *American Beauty* gefunden.

Unabhängigkeit verschafft, um seinen meditativen Beschäftigungen nachgehen zu können.
Ricky ist das Alter Ego von Drehbuchautor Alan Ball und Regisseur Sam Mendes, denn er verkörpert Haltungen und formuliert Überzeugungen, welche ganz offensichtlich grundlegend sind zum Verständnis der Vorgänge und Figuren im Film. In dem Mendes-Porträt im *Guardian* heißt es:

> *As Sam Mendes says, "Ricky is the film's conscience, its soul. At first, you think he is a voyeur, but you realise that Ricky is using his camera to reach out and touch people, not just to record ... it's his way of reaching out." When talking to Mendes, you do feel that Ricky and he might have much in common.*[38]

Ricky als Künstler

Ricky bewältigt das Leben mithilfe seiner Videoausrüstung und wird dabei selbst zu einem Künstler. Die Kamera schafft den Abstand, aus dem er die Welt beobachten und verstehen kann, und sie hilft ihm, aus seiner Vereinzelung auszubrechen **(Abb. 5/V im Bildteil)**. Durch ihren Sucher findet er Kontakt zu Jane, die in Ricky instinktiv eine verwandte Seele erkennt und ahnt, dass er mit seinen Bildern etwas festhält, wonach sie sich bisher vergeblich gesehnt hat. Mit ihr wagt er am Ende den Ausbruch. Dabei weiß Ricky, dass die Schönheit, die er überall sieht, flüchtig ist: „Video's a poor excuse, I know. But it helps me remember ... I need to remember ..." Tatsächlich gelingt es ihm immer wieder, seine Erfahrungen von Transzendenz mithilfe seiner Filme neu aufleben und auch Jane daran teilhaben zu lassen. Der Regisseur wiederum bringt damit sein Vertrauen in die Fähigkeiten des Mediums zum Ausdruck.

38 Fenshawe, Simon: *Sam Smiles.* http://www.guardian.co.uk/film/2000/jan/22/features.weekend (Stand Oktober 2009).

Ricky leitet aber nicht nur Jane an; auch Lester hilft der wesentlich jüngere Mann dabei, seine wahre Bestimmung zu finden, auf indirektere Art hilft er sogar Angela. Als Ricky vor Lesters Augen spontan den Job bei dem Catering Service kündigt, wird er sofort zu Lesters „personal hero". Bei dieser ersten Begegnung der zwei sieht Ricky in seinem Dinner-Jacket aus wie „an angel dressed in white" (Audio-Kommentar von Sam Mendes). Er geht Lester mit seinem Beispiel voran und stattet ihn mit Gaben aus, die Lesters Entwicklung vorantreiben, u. a. mit hochwertigem Marihuana und einem Video namens *Re-Animator*. Diese ironische Anspielung auf einen Horror-Klassiker aus dem Jahre 1985 enthält einen Hinweis auf Rickys entscheidende Funktion in *American Beauty*, denn so wie die Protagonisten des älteren Films Tote mittels eines ins Gehirn injizierten Serums zum Leben erwecken, kann Ricky einfach nur durch sein Beispiel und seine Ausstrahlung Menschen wie Lester wiederbeleben. Der fühlt sich nämlich, als sei er „dead already", eigentlich wie eine Figur aus dem genannten Film: „Did you ever see that movie, where the body's walking around carrying its own head?" Er benötigt selbst dringend einen Re-Animator und findet ihn in Ricky.[39] Andere versuchen, sich Rickys Aura zu entziehen, vor allem Angela, die sich vor ihm gruselt. Zweifellos ist er aber auch für sie ein rettender Engel. Er hat Züge eines Heilands und spiegelt das Bedürfnis nach Erlösung aus der Welt des Materialismus wider.

Helfer und Erlöser

39 Die Autoren von *American Beauty* haben mit dieser Replik an einen Horrorfilm auch der Tatsache Ehre erwiesen, dass besonders viele Exemplare dieses Genres in Suburbia spielen. *Poltergeist, Nightmare on Elm Street, Night of the Living Dead* und *Halloween* sind Beispiele, die zeigen, dass Hollywood das Grauen besonders häufig in beschaulich wirkenden Vororten ansiedelt.

5. Erzählstrategien

Der Erzähler

American Beauty hat einen Erzähler, der selbst Teil der fiktiven Wirklichkeit des Films ist. Der Protagonist Lester Burnham wendet sich durch Voice-over an den Zuschauer und ordnet Geschehnisse ein, nimmt Stellung, macht Vorausdeutungen usw. Seine subjektive Sicht steuert in starkem Maße die Wahrnehmung des Publikums. Er kann dabei nicht nur über das verfügen, was er selbst erlebt und empfunden hat, Lester hat auch weitreichende Einblicke in Dinge, die er nicht aus unmittelbarem Erleben kennen kann – in Gefühle anderer Figuren und in Erfahrungen, die sie gemacht haben, ohne dass er dabei anwesend war. Der Erzähler hat hier also auktoriale Züge, wobei er sich außer seiner eigenen noch weiterer Perspektiven bedient. Alle anderen wichtigen Personen wie Carolyn oder Jane können als Reflektorfiguren fungieren, durch deren Augen der Zuschauer die Ereignisse erlebt. Auch in ihren verbalen Stellungnahmen etabliert sich jeweils eine eigene Sichtweise, wobei es zweifellos Rickys Reflexionen sind, auf welche der Erzähler besonders viel Gewicht legt, während Frank Fitts dem System von Werten, das der Film etabliert, vollständig fernsteht.

Lester als auktorialer Erzähler

Das eigentlich Ungewöhnliche an dem Erzähler ist aber, dass er am Beginn des Berichts seinen eigenen Tod bereits vorankündigt: „In less than a year, I'll be dead." *American Beauty* ist ein Fall von „point of death, or post-death narration or action"[40], wobei es wahrscheinlicher ist, dass Lester nicht als bereits Toter (post mortem)

Point-of-death-narration

40 Furby, Jacqueline: *Rhizomatic Time and Temporal Poetics in "American Beauty"*, S. 23. In: Film Studies. No. 9 (Winter 2006), S. 22–28.

erzählt, sondern dass wir nur Zeugen der Vorgänge in Lesters Bewusstsein sind, und zwar in dem winzigen Moment zwischen dem Schuss in seinen Hinterkopf und seinem Tod. Dass er in dieser kurzen Zeitspanne des Sterbens (Bruchteile von Sekunden) die Geschehnisse eines ganzen Jahres (erzählte Zeit) berichten kann und dass der Film wiederum 117 Minuten dafür in Anspruch nimmt (Erzählzeit), ist mit rationalen Maßstäben nicht zu erklären, bedeutet im Rahmen des Wirklichkeitsmodells von *American Beauty* aber keinen Widerspruch. Lester liefert die Erklärung selbst: „I had always heard your entire life flashes in front of your eyes the second before you die [...] First of all, that one second isn't a second at all, it stretches on forever, like an ocean of time." Im Todesmoment wird Lester unsterblich in der Erinnerung an die Schönheit, die er im Laufe seines Lebens erfahren, in den letzten Jahren aber nicht mehr bemerkt hat. Erst jetzt kann er das ganze Potenzial des Menschseins entfalten. In dieser letzten, unendlich andauernden Sekunde ist er demzufolge so entspannt wie niemals zuvor. Der sterbende und erzählende Lester ist nicht mehr derselbe Mensch, der er einmal war, und schon gar nicht in seinem letzten Lebensjahr, denn er ist von den Lasten seines Körpers und Egos befreit und von transzendentem Wissen erfüllt. Der Zuschauer wird Zeuge von „Lester Burnhams Apotheose"[41] (Vergöttlichung), davon, wie er über dem Robin Hood Trail schwebt und auf seine frühere Welt und seine eigenen Irrtümer herunterblickt. Seine Haltung ist von olympischer Gelassenheit, so dass es ihm gleichgültig sein kann, ob wir an ihm zweifeln oder nicht: „You have no idea what I'm talking about, I'm sure." Er weiß schließlich mit großer Sicherheit, dass sich das ändern wird („But don't worry [...] You will some day."), weil auch uns der Tod gewiss ist.

41 Eshelman, Raoul: *Der Performatismus oder das Ende der Postmoderne. Ein Versuch*, S. 154. In: Wiener Slawistischer Almanach. Bd. 46 (2000), S. 149–173.

Die Überzeugungskraft der Erzählsituation in *American Beauty* hängt weitgehend davon ab, inwiefern das Zeitempfinden des Erzählers, sein „ocean of time" glaubwürdig filmisch vermittelt werden kann. Als Lester stirbt, verlangsamt der Film den Fluss der Zeit durch die Verwendung von Zeitlupe und die parallele Montage der zeitgleichen Reaktion verschiedener Figuren auf den Schuss. Durch diese eher konventionellen Methoden wird aber die Annahme, dass es eine sich ins Unendliche dehnende Zeit und damit auch transzendente Erfahrung gibt, noch nicht hinreichend beglaubigt. Unendlichkeit steht zu sehr im Widerspruch zu der verbreiteten linearen Zeitvorstellung, die das Leben als kurze Strecke in nur eine Richtung und mit einem abrupten Ende sieht. In der Oberflächenwelt der materialistischen Gesellschaft ist auch die Zeit eindimensional. In diesem Zusammenhang fällt auf, dass Lester von Beginn an so erzählt, als gäbe es überhaupt keinen räumlichen und zeitlichen Abstand zwischen dem Erleben und dem Berichten. Er berichtet, nachdem ihn der Schuss getroffen hat, über Ereignisse, die ein Jahr zuvor begonnen haben. Dennoch benutzt er nicht das „past tense", sondern das „present tense" und das „future": „I'm forty-two years old. In less than a year, I'll be dead." Alles ist in dieser Erzählung gegenwärtig, und so schichten sich die Ebenen der Zeit übereinander, statt nur aufeinander zu folgen. In den surrealistischen Szenen löst sich der Film durch die Einbeziehung des Unbewussten von rationalistischen Konzepten der Zeit, denn im Traum ist das Raum- und Zeitgefühl besonders subjektiv und fließend **(Abb. 7/VII im Bildteil)**. Hier verarbeitet Lester seine Probleme, die ihren Ursprung in Gegenwart und Vergangenheit haben, und er erfüllt sich Wünsche sofort und nicht erst in der Zukunft (vor allem den Wunsch, wieder leidenschaftlich zu sein). Träumend probt er die Entgrenzung auch von starren Konzepten der Zeit.

„An ocean of time"

In der letzten Sequenz des Films sieht sich Lester dann als Teil von natürlichen Kreisläufen. Vor seinem Auge ziehen die Jahreszeiten und die Lebensalter vorbei. Nun ordnet sich aus lauter kleinen Momenten seines „stupid little life" ein großes Ganzes – aus dem Sternenhimmel im Sommerlager seiner Jugend, den gelb verfärbten Ahornblätter im Herbst, der Haut seiner alten Großmutter und vor allem aus der Erinnerung an die glücklichen Tage mit Carolyn und Jane.

Anreicherung der Zeit

Jacqueline Furby hat den Umgang mit der Zeit in *American Beauty* als „Anreicherung" oder „Verdickung" bezeichnet: „The present moment is enriched, or fattened, to contain the past moment and future moments, without any division between the temporal zones."[42] Der Film lässt gegenwärtige, vergangene und zukünftige Zeit ineinanderfließen,

- indem er Lesters Geschichte als „bi-directional journey"[43] konstruiert, als Reise in zwei gegenläufige Richtungen: vom Mann mittleren Alters, der noch einmal in seine Jugend zurückkehrt und der dabei gleichzeitig seinem Tod entgegengeht;
- durch Wiederholung und Variation von Bildern und Geschehensabläufen (**z. B. Abb. 4/IV u. 16/XVI im Bildteil**); so ähneln sich die beiden Esstisch-Szenen bei den Burnhams in vielen Details, es gibt aber auch Unterschiede, was z. B. die Beleuchtung, die Tischdekoration und die Körperhaltung der Figuren betrifft. Auch Autofahrten, Blicke durch Fenster oder in Spiegel und andere Motive werden wiederholt und abgewandelt. Die Variationen sind durch den Handlungsverlauf motiviert, im Wechselspiel mit den Wiederholungen wirken

42 Furby, S. 23.
43 Ebd., S. 25.

sie aber auch als Bindeglied zwischen Vergangenheit und Gegenwart, und sie rhythmisieren die Zeit in der Weise natürlicher Zyklen oder auch wie der Herzschlag (das Herz ist für Ricky und Lester der Sitz der transzendenten Erfahrung: „Sometimes there is so much beauty in the world. I feel like I can't take it and my heart's going to cave in.");
- durch die Thematisierung von Film und Fotografie; diese Medien halten den gegenwärtigen Moment fest, um ihn, wenn er vergangen ist, für die Zukunft zu bewahren, immer in der Hoffnung, dass das Gute darin erhalten bleibt oder wiederkehrt. Rickys riesige Videosammlung speichert die Erinnerung, damit sie auch morgen wieder abgerufen werden kann. Die Familienfotos der Burnhams haben eine ähnliche Funktion wie auch das im fertigen Film nicht mehr zu sehende Foto des jungen Frank Fitts, das ihn Arm in Arm mit anderen Soldaten zeigt.

Die Gelassenheit des Erzählers

American Beauty löst die Linearität der Zeit nicht völlig auf, setzt aber der standardisierten, an Uhren und Maschinen gebundenen und immer knapp bemessenen Zeit ein Modell entgegen, das Rücksicht auf menschliche Bedürfnisse und biologische Rhythmen nimmt.[44] Weil sich die Ebenen Vergangenheit, Gegenwart und Zukunft überlagern, verstreicht Lesters Zeit nicht nur einmal und unwiederbringlich. Deshalb ist der Erzähler Lester so befreit und optimistisch und unterscheidet sich wohltuend von seinem früheren Selbst oder von der dauernd hektischen Carolyn.

44 Ebd., S. 28.

Point of death-narration and post-death narration

Es gibt nur wenige Filme mit einem Erzähler, der zum Zeitpunkt des Berichtens bereits tot ist oder sich in den Zwischenräumen von Leben und Tod befindet. Am bekanntesten ist Billy Wilders Film *Sunset Boulevard* (1950), dessen Erzähler tot in einem Swimming Pool in Beverly Hills treibt. Wie *American Beauty* kritisiert auch dieser düstere Film Noir die Zerstörung des American Dream durch Gier und Selbstbezogenheit, wenn auch nicht in Suburbia, sondern in der Glitzerwelt Hollywoods. In Alfred Hitchcocks Thriller *Vertigo* wiederum sieht der Zuschauer am Anfang, wie der Polizist Scottie bei einer Verfolgungsjagd von einem Dach abrutscht und sich gerade noch an der Regenrinne festhalten kann. Es gibt die Auffassung, dass Scottie, der zwar nicht der Erzähler, aber die zentrale Perspektivfigur ist, eigentlich anschließend abstürzte und dass alles, was auf die erste Szene folgt, der Traum eines sterbenden Mannes ist.

„Look closer"

Der Erzähler Lester vermittelt dem Zuschauer eine Vorstellung von einem besseren Leben und zugleich zersetzt er systematisch Lesters altes Leben von innen her. Dafür hat er eine Art Gebrauchsanweisung: Sie steht auf dem Plakat für den Film und lautet „look closer". In Lesters früherem Leben stand sie auf einem Zettel, der an die Wand neben seinem Büro-Computer gepinnt war. Nun schaut er also laufend genau hin und entdeckt überall die banale Wahrheit hinter dem schönen Schein, um sie anschließend zu enthüllen. Demaskierung ist ein Prinzip, das Lester in den Mittelpunkt seiner Erzählung stellt und das auch für effektvolle „plot twists" sorgt. So entlarvt er

- den heuchlerischen Qualitätsmanager Brad als Gehilfen einer korrupten Firmenleitung;
- den „King of real estate", Buddy Kane, als Mann, der Angst haben muss, von seiner scheidungswilligen Frau ruiniert zu werden;
- den Schwulenhasser Frank Fitts als Homosexuellen;
- die frühreife und aufreizende Angela als schüchterne Jungfrau.

Der Erzähler macht reichlich Gebrauch von Ironie, weil sie ein geeignetes Mittel ist, um Distanz zu schaffen zu der Welt, die er entlarven will, und um Widersprüche zum Ausdruck zu bringen, in diesem Fall zwischen dem schönen Schein und dem dürftigen Sein der Figuren. In *American Beauty* finden sich unterschiedliche Arten von Ironie:

Art der Ironie	**Funktionsweise**	**Beispiel**
Verbale Ironie:	Jemand sagt etwas und meint das Gegenteil.	„Can I ask you a question? Who is Tamblin? Does he exist? 'Cause he doesn't ever seem to come in." Lester weiß eigentlich genau, dass der Kunde existiert, dass er sich aber am Telefon verleugnen lässt.
Situationsironie:	Diskrepanz zwischen beabsichtigter und tatsächlicher Wirkung einer Handlung	Carolyn preist das Haus beim „open day" in höchsten Tönen an, weckt dadurch aber nur das Misstrauen der Kaufinteressenten.

Dramatische Ironie:	Eine Figur schadet sich selbst durch eine Handlung, weil ihr bestimmte Informationen fehlen, die der Zuschauer kennt.	Carolyn und Buddy fahren arglos und bester Laune im Mr Smiley's vor; sie ahnen nicht, dass sie Lester dort begegnen werden.
Charakter-Ironie:	Eine Figur trägt starke Gegensätze in sich.	Frank Fitts ist ein Homosexueller, der Homosexuelle hasst.
Anspielungs-ironie:	verdeckter Hinweis auf Traditionszusammenhänge	Am Robin Hood Trail fehlt gerade das, worauf sein Name anspielt: Widerstand und Edelmut (Robin Hood) und unberührte Wildnis („Trails" wurden die Pfade der Pioniere durch den Westen genannt).
Ironie des Schicksals:	Rettung in höchster Not scheint nahe, wird aber auf grausame Weise wieder entzogen.	Frank Fitts offenbart und nähert sich endlich einem Mann, der aber dann – für ihn unerwartet – nicht schwul ist.

Ironie wird in *American Beauty* so konsequent verwendet, dass sie mehr ist als nur ein prägendes Stilelement mit begrenzter Funktion. Vielmehr ist der Erzähler von „cosmic irony" durchdrungen, einer philosophischen Haltung, die das Ergebnis seiner illusionslosen Menschensicht ist, welche über die Kritik an der heutigen Konsum- und Massengesellschaft hinausgeht. Aus seiner höheren Warte erkennt der Erzähler Lester die Verführbarkeit des Menschen durch äußeren Glanz, seine Blindheit gegenüber der Realität. Das Leben ist unsicher und gibt dem Menschen Rätsel auf, verwickelt ihn in absurde Situationen, denen er nicht gewachsen ist. Trotzdem betrachtet der Erzähler den Menschen mit Wohlwollen, weil er weiß, dass er zu Freiheit und höherer Einsicht fähig ist, wenn auch vielleicht erst im Tod. Dazu muss er aber zunächst seiner falschen Masken und Rollen entledigt werden. Beim Herunterreißen der Masken ist der Erzähler konsequent und erbarmungslos, seine Ironie scharf. Wenn jedoch das Image einer Figur erst erschüttert ist und sie ohne ihre Illusionen hilflos und entblößt dasteht, enden Spott und Sarkasmus. Die kosmische Ironie triumphiert nicht, sondern wendet sich den Figuren zu. In dem Moment der Wahrheit, wenn ihre Schwächen unverkennbar sind, hören die Menschen für den Erzähler auf, unsympathisch zu sein. Diese Eigenschaft Lesters kommt nicht erst am Ende zum Tragen, wenn er bereits über den Dingen steht. Sie ist schon früher vorhanden, z. B. als er Angela tröstet, die sich „stupid" fühlt, und als er Franks Annäherungsversuch nicht brüsk, sondern sanft zurückweist.

Kosmische Ironie

Wie Suburbia hat auch der Film selbst eine trügerische Oberfläche. Dafür ist nicht nur die Ironie ein Beleg, sondern auch die Konstruktion des Plots. Schon die frühe Vorankündigung von Lesters Tod lässt uns stutzen: Warum stirbt er und wie? Weshalb nimmt er dies

Konstruktion des Plots

mit vollkommener Gelassenheit hin? Weshalb kann er noch davon sprechen, wenn er offenbar schon tot ist? So zieht der Erzähler uns ins Innere, lässt uns ahnen, dass es unter der Oberfläche von Suburbia Geheimnisse gibt. Mehrfach wird das Publikum gezielt in die Irre geführt, z. B. wenn vorgespiegelt wird, dass Ricky und Jane Lesters Mörder sind, später dann Carolyn. Auf diese Weise wird das Publikum in die Realitätstäuschung hineingezogen, der fast alle Figuren unterliegen.

6. Filmsprache

Visuelles Konzept

Die „Looks" des Films

Die Bildersprache von *American Beauty* beruht auf der Verbindung von mehreren deutlich unterscheidbaren „Looks"[45]. Jeder Look schafft eine andere Atmosphäre und hat im Rahmen der Gedankenwelt des Films eine charakteristische Funktion. Der **„American Gothic-Look"** (siehe Kapitel 1 dieses Bandes und bei den Abbildungen im Bildteil vor allem **1/I –5/V**) nimmt den breitesten Raum ein; der Robin Hood Trail ist hier als alltäglich-vertrauter und trotzdem künstlicher und fremdartiger Ort in Szene gesetzt, kühl und melancholisch trotz des dauernden Sonnenscheins. Menschen wirken vereinzelt und so, als hätten sie sich nur hierher verirrt. Folgende Merkmale kennzeichnen diesen Look:

- Figuren sind eingeengt zwischen Möbeln und anderen Objekten; der Bildrahmen begrenzt ihre Welt und wird nicht überschritten;
- Menschen halten sich oft in engen Räumen auf (Duschkabine, Autos usw.); Gefühl des Eingesperrt-Seins;
- vertikale Muster, die wie Gefängnisgitter wirken (auf dem Bildschirm in Lesters Firma, die Jalousien in Brads Büro und in dem Haus, das Carolyn verkaufen will);
- steife Tableaus (Familien am Esstisch, auf dem Sofa beim Fernsehen);
- polierte und spiegelnde Oberflächen;

45 Wichtige Hinweise zum visuellen Konzept liefern der Audio-Kommentar auf der DVD sowie das Porträt des Kameramannes Conrad Hall von Geffner, David: *Smells Like Suburban Spirit.* http://www.cameraguild.com/index.html?magazine/stoo500.htm~top.main_hp (Stand Oktober 2009), und außerdem Kemp, Philip: *Sam Mendes' "American Beauty": The Nice Man Cometh.* In: Sight and Sound, January 2000, S. 24–27 sowie Points, Jeremy: *Studying American Beauty: Student Edition.* Auteur: Leighton Buzzard, 2008.

- räumliche Distanz zwischen den Figuren (z. B. zwischen Lester und Brad oder bei den Burnhams am Esstisch), wenig Intimität; deshalb selten Nahaufnahmen;
- Vorherrschen gedämpfter Farben: grau, blassblau, beige usw., z. B. bei der Kleidung der Figuren;
- lange Einstellungen bei statischer Kameraposition, wenig Bewegung;
- kaltes, teures Design und übermäßige Ordnung, Symmetrie in Innenräumen;
- gestylte Gärten mit gestutzter Bepflanzung;
- im Verlauf des Films zunehmend tiefe Schatten und kontrastreiche Beleuchtung; spiegelt den Gegensatz zwischen falschem Schein und verborgener Wahrheit;
- Weichzeichnereffekt in einigen Szenen, die im Freien spielen, erweckt einen unwirklichen Eindruck.

In mehreren Szenen im Haus der Familie Fitts und am Ende der Handlung nimmt die Stimmung eine bedrohliche Dimension an. Hier macht der Film stilistische Anleihen beim deutschen expressionistischen Stummfilm und dem klassischen Film Noir: Carolyns nächtliche Fahrt durch menschenleere Straßenzüge, der Dauerregen, der auf die Welt niedergeht, und der Gebrauch von „rich, deep blacks to produce shadowplay so intense that it appears to inhabit a character's psyche"[46]. Letzteres kommt exemplarisch in der Szene zum Ausdruck, in der Ricky in sein Zimmer kommt und die Kamera auf seinen Vater schwenkt, der als furchterregende Präsenz im Schatten lauert. Bald darauf hockt Angela „like a hurt animal" (Audio-Kommentar) in einem dunklen Winkel im Wohnzimmer der Burnhams.
Der **surrealistische Look** des Films macht das Unbewusste Lesters zugänglich, seine verdrängten Wünsche, das Verlangen

46 Geffner, David: *Smells Like Suburban Spirit*. http://www.cameraguild.com/index.html?magazine/stoo500.htm~top.main_hp (Stand Oktober 2009).

nach einem besseren Leben, das zum Durchbruch drängt (**Abb. 7/VII im Bildteil**). Typisch für diesen Look sind

- symbolhaft aufgeladene Traumszenerien;
- gleitende Kamerafahrten;
- intensive Farben, vor allem rot;
- eine Montage, die durch Zeitlupe, Jump Cuts und Wiederholungen die herkömmliche Wahrnehmung von Raum und Zeit aufbricht;
- Dominanz der dunklen Bildpartien.

Der surrealistische Look enthält „Special Effects", die ohne gehobene Computer-Technik nicht möglich sind. Damit hebt er sich stark von dem grobkörnigen, bewusst unprofessionellen **Amateur-Video-Look** ab, dessen Bilder von den Darstellern selbst im Kontext ihrer Rollen aufgenommen wurden (**Abb. 9/IX im Bildteil**). Vieles ist hier verwackelt oder unscharf, mit ungeschickter Bildaufteilung, wie es einem selbst passiert, wenn man zu Hause spontan aus der Hand mit der eigenen Kamera filmt. Dieser Look will unter die Oberfläche von Suburbia dringen. Er stärkt den Realitätseffekt des Films und ist Ausdruck der Selbstreflexivität von *American Beauty*. Das Medium Film denkt hier über sich selbst nach, über seine Möglichkeiten und Grenzen. Wenn der Erzähler den laienhaften Aufnahmen Rickys eine so große Nähe zur Wahrheit zutraut, wirft er nebenbei die Frage auf, inwiefern den anderen Bildern des Films zu trauen ist, die mit hohem Aufwand und nach allen Regeln der Kunst produziert wurden.

Schließlich gibt es in den letzten drei Minuten des Films einen besonderen **„Point-of-Death-Look"**, der den Bewusstseinszustand Lesters verkörpert, nachdem ihn die Kugel getroffen hat und er in der sich unendlich dehnenden Sekunde seines Todes zum Erzähler wird. Hier lösen sich die Grenzen von Raum und Zeit auf, es entsteht ein Gefühl der Schwerelosigkeit. Die dargestellte Welt ist nicht mehr trügerisch und doppelbödig; durch Oberflächen wie Dächer und Wände kann man spielend hindurchsehen. Die wichtigsten Mittel in dieser letzten Sequenz sind Kamerafahrten, sanfte Überblendungen und kreisförmige Bewegungen. Ein subtiles Mittel ist die Umkehrung der Bewegungsrichtung zwischen der Kamerafahrt in der Einstellung mit dem Mord, welche den Übergang zur letzten Sequenz markiert, und der kurz darauf folgenden einminütigen Fahrt. Bei dem Mord kommt der Revolverlauf rechts ins Bild, woraufhin die Kamera sich nach links bewegt, bis nach dem Schuss das Blut Lesters an die Küchenwand spritzt. Schon hier ist das Tempo langsam, es mildert das Erschrecken über Frank Fitts' Tat. Die anschließende lange Kamerafahrt wirkt noch sanfter, und sie findet von links nach rechts statt. Damit korrigiert sie die „falsche" Richtung, die das Leben zuvor hatte. Ohne Unterbrechung gleitet die Kamera über eine Montage von Bildern. Sie zeigt den Himmel und die Erde und den ganzen „ocean of time", als den Lester die Sekunde erlebt, in der er den Eindruck hat, als sähe er die ganze Welt auf einmal: „Sometimes I feel like I'm seeing it all at once". Der Point-of-Death-Look will vermitteln, wie Lester im Tod ins Leben zurückgeführt wird.

Look	Welt	Atmosphäre
American Gothic-Look	Oberfläche der Welt	statisch/unwirklich/bedrohlich
Surrealistischer Look	das Verborgene	verlockend
Amateur-Video-Look	Durchdringen der Oberfläche/Ahnung von Wahrheit	geheimnisvoll
Point-of-Death-Look	die ganze Welt	gelöst

Die Kamerafahrt (engl. „tracking shot")

Lange Kamerafahrten gehören zu den auffälligsten und technisch anspruchvollsten Mitteln der Bildgestaltung, vor allem, wenn die Kamera dabei so virtuos eingesetzt wird, dass sie die Vorgänge, die sie filmt, zugleich kommentiert. Ein bekanntes Beispiel ist der „Copacabana tracking shot" aus *Goodfellas* (1990), der nachvollziehbar macht, wie die junge Karen der Faszination des Mafia-Lebens erliegt. Der Zuschauer schließt sich ihrer Perspektive an, als der Gangster Henry sie durch lange Gänge und vorbei an ehrerbietigen Angestellten und Gästen in einen vollen Nachtclub führt, wo ein Tisch direkt an der Bühne eigens für sie hervorgezaubert wird. In *Panic Room* (2002) sind die Einbrecher noch nicht in die Wohnung eingedrungen, als die Kamera schon das Ausmaß der Gefahr verdeutlicht, die den schlafenden Bewohnern droht. In einer minutenlangen ungeschnittenen Einstellung fährt sie das nächtliche Halbdunkel ab und lässt sich auf ihrem Weg auch nicht von Schlüssellöchern, Leitungsrohren und Tassenhenkeln aufhalten. Diese berühmte Kamerafahrt wurde mithilfe digitaler Technik produziert wie der lange „tracking shot" am Ende von *American Beauty*.

Motive

American Beauty spiegelt seine Themen in mehreren Motiven, die immer neu variiert werden. Alle Motive sind kunstvoll miteinander verwoben, so z. B. gleich vier (die Farbe Rot, Regen, Türen und Waffen) in der Einstellung gegen Ende des Films, als Carolyn in ihrem roten Kleid und im Regen mit einem Revolver bewaffnet vor der roten Tür ihres Hauses steht. Die wichtigsten

Motive sind außerdem ambivalent, der Zuschauer hat die Aufgabe, ihre jeweilige Wertigkeit aus dem Zusammenhang zu erschließen wie bei der Rose, die ein Inbegriff der Schönheit ist, aber auch Dornen hat. Das zentrale Motiv des Films ist die Farbe Rot. Wenn sie das Leben versinnbildlicht, so kann es sich dabei um das falsche (materialistische, oberflächliche) Leben handeln, aber auch um das richtige oder um jede beliebige Stufe auf der Skala dazwischen. Das verlockende, aber täuschende Rot findet sich z. B. auf dem Werbeschild für Buddy Kane mit der Aufschrift „The Real Estate King", auch in den Rosen in Carolyns Garten und in der Vase in ihrem Wohnzimmer **(Abb. 1/I u. 12/XII im Bildteil)**. Dieses Rot kündet von der Verfallenheit der Figuren an unechte Schönheit und von ihrer Gier nach Erfolg, die sie von den anderen Menschen trennt. Das Rot, das man überall bei Mr Smiley's findet, und das rote Kleid, mit dem Carolyn dort vorfährt, repräsentieren noch nicht das unverfälschte Leben, aber beide – Carolyn und Lester – haben schon einmal ihren Anspruch auf Leidenschaft, Liebe und Wärme geltend gemacht. Das rote Kleid unterstreicht anschließend die Heftigkeit der Gefühlsbewegung in Carolyn, ihren Zorn auf Lester und auf sich selbst. Das echte Leben ist in Suburbia an den Rand gedrängt, aber das Verlangen danach verschafft sich überall Ausdruck, zum Beispiel in dem Rot von Janes Lippen und Kleidung und in der roten Kontrollleuchte an Rickys Camcorder, besonders intensiv in den Rosenblüten in Lesters Träumen (Dornen gibt es darin nicht, **Abb. 7/VII**).

Die Farbe Rot

Der Unterschied zwischen falschem Schein und richtigem Leben tritt auch im Motiv Lächeln/Lachen zutage. Es gibt das geschäftsmäßige Lächeln Buddys und Brads sowie Carolyns künstliche Lache für Nachbarn und Gäste **(Abb. 1/I)** und im Kontrast dazu das herz-

Lächeln/Lachen

hafte und ausgelassene Lachen der jungen Carolyn, das von reiner Lebensfreude zeugt, das sie aber irgendwann verloren hat. Bezeichnenderweise wird im Mr Smiley's besonders wenig wirklich gelächelt; an diesem Ort des genormten Konsums reichen stilisierte Kinderzeichnungen auf der Verpackung (Smileys), um den gewünschten Effekt zu erzielen **(Abb. 14/XIV)**. Dagegen hat der tote Lester wirklich ein zufriedenes Lächeln im Gesicht, welches sich im Blut auf der Tischplatte spiegelt, auf der sein Kopf liegt. Bild und Mensch gleichen sich völlig, im Tod erst ist Lester mit sich identisch. Das ist vorher nicht der Fall, wenn Figuren in Spiegel und spiegelnde Flächen blicken oder auch Videobilder von sich selbst sehen. Mit diesem Spiegel-Motiv weist der Film immer wieder auf die Identitätsproblematik der Figuren hin. Sie betrachten die Wunden, die das Leben ihnen beigebracht hat; so blicken sowohl Jane als auch Ricky in den Spiegel, nachdem sie geschlagen wurden. Oft sehen sie in spiegelnden Flächen vor allem die eigenen Unvollkommenheiten und den Mangel an Perfektion, die fehlende Übereinstimmung mit dem Image, das sie anstreben. Carolyn wird schon durch Flecke auf dem Spiegel verunsichert und reibt ihn stellvertretend blank.

Spiegel

Fenster sind ein weiteres wichtiges Motiv. Sie wirken oft vergittert, gewähren aber einen Blick ins Freie, heraus aus der beengten Welt der Vororthäuser, in denen die Figuren sich eingesperrt fühlen und von allem Lebendigen abgeschnitten sind. Ricky filmt aus dem Fenster heraus, weil er sich Schönheit nicht im Haus seiner Familie, sondern nur außerhalb davon erhofft, und mit der Kamera schafft er von Fenster zu Fenster Kontakt zu anderen Menschen **(Abb. 9/IX)**. Auch mehrere Türen sind effektvoll in Szene gesetzt, so der Hotel-Hintereingang, vor dem Ricky und Lester sich näher kennenlernen. Dass die Hoffnung auf ein vitales und

Architektonische Motive

humanes Leben auch im falschen Leben vorhanden ist, vermittelt die rote Eingangstür der Burnhams, vor der die gewandelte Carolyn am Schluss steht **(Abb. 2/II u. 12/XII)**. Auch Treppen sind wie Fenster und Türen ein architektonisches Motiv. In diesem Film sind sie ein Symbol für Übergangssituationen; mit Angelas Entwicklung geht es nach ihrer Konfrontation mit Jane und Ricky aufwärts, deshalb sitzt sie zunächst auf einer Treppe, bevor es zu der Begegnung mit Lester kommt.

Wasser/Tränen

Schließlich gibt es einen Komplex von Motiven, bei dem es um Wasser und Fließen geht. Die Welt in *American Beauty* ist anfangs erstarrt und trocken. Wasser, das Element des Lebens, wird vor allem bei der Reinigung von Fahrzeugen und Küchen verwendet. Mehrfach blickt die Kamera zum weiten und bewölkten Himmel auf, der inmitten des unwirklichen Sonnenscheins am Robin Hood Trail ein weiteres Zeichen der Hoffnung bietet. Tatsächlich öffnet der Himmel am Ende seine Schleusen **(Abb. 15/XV)**. Das Regen-Motiv prägt die ganze Sequenz bis zu dem Mord, weil er durch Schattenspiel und Spiegelung auf Wänden und Gesichtern sogar bei Innenaufnahmen zu sehen ist. In dem heftigen Wolkenbruch geraten auch die Gefühle der Figuren ins Fließen. Der Regen und die Tränen, die Frank, Angela und Carolyn vergießen, markieren das Ende der Selbsttäuschung und die Hinwendung der Menschen zu ihrer wirklichen Natur. Dem „ocean of time", von dem Lester spricht, geht eine Brandung der Gefühle voraus. Der Wolkenbruch am Ende des Films ist als Sintflut ins Bild gesetzt: „It can't rain that long without all animals eventually getting on board the Ark!"[47]

47 Geffner, David: *Smells Like Suburban Spirit*. http://www.cameraguild.com/index.html?magazine/stoo500.htm~top.main_hp (Stand Oktober 2009).

7. Musik/Ton

American Beauty setzt auf eine Mischung aus instrumentalen Stücken, die eigens für den Film komponiert wurden (Score), und eine Abfolge älterer Songs.[48] Dabei ist es zweifellos der eindringliche Score von Thomas Newman, der dem Film seine musikalische Identität verleiht. Newman verzichtet bei seinen Kompositionen weitgehend auf orchestrale Arrangements zum Ausdruck von Melancholie und Verlust, wie das hier konventionellerweise zu erwarten wäre. Stattdessen dominieren „funky rhythms" und Percussion, aber auch das von Newman selbst gespielte Piano. Die exotische Instrumentierung beinhaltet u. a. „kim-kim drums", „tablas" und „Appalachian dulcimer", und auch Soundeffekte wie „bird calls" finden Verwendung. Das Ergebnis ist eine Musik, die so exzentrisch, getrieben und aufsässig ist wie der Protagonist des Films selbst.[49] Der Score erinnert außerdem an esoterische „new age world music" und lässt damit die Entfremdung anklingen, die Suburbia bei den Figuren hervorruft.[50] Er hat relativ wenig thematischen Zusammenhalt, enthält aber mehrere Leitmotive, welche die verschiedenen „Looks" des Films (vgl. Kapitel 6 dieses Bandes) unterstützen und zwischen ihnen überleiten:

Score

- Das bekannte monoton-hypnotische Motiv mit Marimba und Xylophon bildet eine musikalische Klammer um den Film; es findet sich am Anfang (Album-Titel: „Dead Already") als

48 Es gibt eine CD mit Newmans Score und eine weitere, welche die meisten Songs des Soundtracks enthält, beide von Geffen/Universal und im Jahr 2000 veröffentlicht.

49 „*American Beauty* demanded something different, something as distinctively defiant as its main character. Newman's score embodies that sound so well", schreibt Christian Clemmensen in: *American Beauty (Thomas Newman).* In: http://www.filmtracks.com/titles/american_beauty.html?page=print (Stand Oktober 2009).

50 Siehe ebd.

Einstimmung in den „American Gothic-Look" und noch einmal am Ende („Still Dead"). In beiden Fällen meldet sich der Erzähler Lester und wendet sich per Voice-over direkt an den Zuschauer.

- Die surrealistischen Szenen werden u. a. von fieberhafter Percussion, einer verstimmten Mandoline und metallischen Effekten begleitet; hier wird die gespannte Unruhe in Lester nachvollziehbar.
- Die minimalistischen Piano-Klänge, welche mehrfach den Video-Look und am Filmende den Point-of-Death-Look begleiten, beschwören verborgene Schönheit herauf; in der letzten Sequenz verstärken Streicher den Eindruck, der von Wehmut und Abschiedsschmerz, aber auch von Hoffnung geprägt ist.

Popmusik-Soundtrack

Ein vielseitiges Instrument des Erzählers ist außerdem der Popmusik-Soundtrack des Films. Auch die Songs sind dafür verantwortlich, Figuren und ihre Gefühle zu charakterisieren und Atmosphäre zu schaffen, aber sie haben darüber hinaus vielfältige Bezüge zu den Themen des Films, und sie kommentieren durch ihre Texte die Handlung und deren Gang, wie die folgenden Beispiele demonstrieren:

Song	Szene	Zusammenhang	Textzeile
„Call Me Irresponsible"	zweite Dinner-Szene	Lesters Verantwortungslosigkeit in Beruf und Familie	„Call me irresponsible – call me unreliable/Throw in undependable too"
„On Broadway"	Cheerleader-Auftritt	Angelas Verlangen nach Glamour und Erfolg	„And I won't quit till I'm a star on Broadway"
„American Woman"	Lester fährt beim Smiley's vor	Lesters Entfremdung von Carolyn und dem, was sie repräsentiert	„I got more important things to do than spend my time growin' old with you"
„The Seeker"	Lester joggt am Morgen des Tages, an dem er stirbt	Lesters Suche nach dem wahren Leben/Vorausdeutung auf seinen Tod	„I won't get to get what I'm after till the day I die"
„Because"	Abspann	die Schönheit der Welt	„Because the world is round it turns me on"

Durch seine Zusammenstellung ruft der Soundtrack bestimmte Epochen der kulturellen und politischen Geschichte Amerikas ins Gedächtnis und verschafft dem Film zeitliche Tiefe. Verschiedene Gestalten, die der amerikanische Traum und die Auseinandersetzung darüber in der Vergangenheit angenommen haben, sind in einzelnen Songs gespeichert, fast jeder ist ein Beispiel „of the old being reexamined and reused"[51]. Indem der Film so verfährt, aktiviert er auch verschüttete Utopien von früher für die Zukunft. Letztlich verbindet der Soundtrack also die Ebenen Vergangenheit, Gegenwart und Zukunft und leistet damit auch einen entscheidenden Beitrag zur zentralen Erzählstrategie von *American Beauty*, nämlich der „Anreicherung" und „Verdickung der Zeit" (siehe Kapitel 5 dieses Bandes).

Anreicherung der Zeit durch den Soundtrack

Einige Bestandteile des Soundtracks sind diegetisch, also Teil der fiktiven Realität des Films, u. a. der Song „Broadway", der zum Auftritt der Cheerleader in der Turnhalle von den Veranstaltern eingespielt wird. Die meisten Elemente sind aber extradiegetisch und gehören zur Welt des Erzählers. Die Popmusik ist vor allem an Lester und Carolyn gekoppelt. In Szenen mit dem Ehepaar Fitts gibt es keine Songs, für sie sind die musikalischen Verbindungslinien in die Vergangenheit gekappt, während die junge Generation, die sich noch finden muss, keine einheitliche und eigenständige popmusikalische Identität hat. Im Prinzip schreitet der Soundtrack annähernd chronologisch durch die Geschichte der populären Musik und beginnt im Jahr 1949 mit Peggy Lees Version des sentimentalen „Bali Ha'i" aus dem Musical *South Pacific*. Carolyn liefert dieser Song, der das Idyll einer

51 Miller, Drew: *A Kiss After Supper. American Beauty.* In: http://www.stylusmagazine.com/articles/a_kiss_after_supper/american-beauty.htm (Stand Oktober 2009). Millers Aufsatz bietet eine Fülle von Einsichten zu dem Popmusik-Soundtrack.

tropischen Trauminsel heraufbeschwört, die Hintergrundmusik für ihre Inszenierung eines gehobenen Familiendinners, deren Oberflächlichkeit Jane bloßstellt, als sie fragt, ob man immer solche „elevator music" hören müsse. Die Mehrzahl der Songs lässt sich danach zwei großen Komplexen zuordnen und diese wiederum jeweils einer der beiden Hauptfiguren:

- Musical- und Big-Band-Standards der fünfziger und frühen sechziger Jahre (Carolyns Musik)
- Rock-Musik der späten sechziger und der siebziger Jahre (Lesters Musik)

Die erste Gruppe von Songs ist eine Reminiszenz an eine große Zeit des Showbusiness, die zugleich eine Phase wirtschaftlichen Aufschwungs und der ungebremsten Expansion Suburbias war. In jener Zeit verband sich das Selbstbewusstsein des Kapitalismus nach dem Zweiten Weltkrieg mit dem Glanz von Namen wie Frank Sinatra und Judy Garland und mit glamourösen Orten wie Manhattan und Las Vegas. Gerade Stars wie Sinatra waren aber auch der Inbegriff eines unbedingten Willens zum individuellen Erfolg, und sie trugen durch ihr Beispiel wesentlich zur Glorifizierung des „nice 'n easy lifestyle" der Konsumgesellschaft bei.[52] Eine aggressive Ich-Mentalität kommt vor allem in dem Song „Don't Rain On My Parade" zum Vorschein, den Carolyn im Radio hört, als sie vom Schießstand nach Hause fährt. Die besondere Ironie besteht darin, dass bei diesem Song (der vor allem durch Barbara Streisand und Judy Garland populär gemacht wurde) und auch anderen des Soundtracks nicht die Versionen der großen Stars verwendet wurden, sondern jene von Bobby Darin, einem Sänger von höchst unsicherer Identität, dessen Lebensgeschichte im Rückblick betrachtet die Fragwürdigkeit jeder Erfolgsideologie offenbart.

52 Rojek, Chris: *Frank Sinatra*. Cambridge: Polity Press, 2004, S. 166.

Bobby Darin

Bobby Darin (1936–1973) gilt als „Chamäleon" der amerikanischen Popmusik. Er änderte mehrfach seinen Musikstil; von ihm sind so unterschiedliche Songs bekannt wie die Rock 'n Roll-Ballade „Dream Lover" und Brechts „Mack the Knife" aus der *Dreigroschenoper*. Darin kompensierte begrenztes Talent und mangelnde Originalität durch unbändigen Willen. Er rang seine Erfolge einem Körper ab, der durch eine chronische Herzerkrankung geschwächt war. Seine Karriere wurde von der ehrgeizigen Großmutter gefördert, die er bis zu seinem dreißigsten Lebensjahr für seine Mutter hielt, während ihn in Wirklichkeit die Frau zur Welt gebracht hatte, die man für seine Schwester ausgab. Nur wenige Jahre nach *American Beauty* produzierte Kevin Spacey mit sich selbst als Regisseur und Hauptdarsteller einen Film über Darins Leben: *Beyond the Sea* (2004); Spaceys Gesangsdarbietungen veranlassten den Kritiker der *New York Times* zu der Feststellung: „Mr Spacey does Darin better than Darin."

Lesters Songs hingegen sind ein Zeugnis seiner Rückwendung in die wilde Zeit seiner Jugend, als eine kulturelle Revolution althergebrachte Traditionen und Glaubenssätze für eine Weile massiv infrage stellte. Das Gemeinschaftsgefühl von Woodstock, der Protest gegen den Vietnamkrieg, Drogenexperimente und die Forderung nach sexueller Befreiung sind in den Songs präsent. Aus der Überlagerung des lärmenden Spätsechziger-Sounds mit dem eleganten Showbiz-Stil der vorhergehenden Jahre entsteht dann „something equally grotesque and charming", eine „cosmic copulation of decades"[53], die ungeahnte Möglichkeiten der Assoziation freisetzt.

Soundtrack (Movie)

Because - Elliott Smith
On Broadway - uncredited, arranged by Paul Lavender
Tenderfoot - Zen Dadio
All Right Now - Free
We Haven't Turned Around - Gomez
Something Grand - Hilton Ruiz Ensemble
American Woman - The Guess Who
All Along the Watchtower - Bob Dylan
Use Me - Bill Withers
Cancer for the Cure - Eels
The Seeker - The Who
Don't Rain on My Parade - Bobby Darin
As Long As I'm Singing - Bobby Darin
Open the Door - Betty Carter
Don't Let It Bring You Down - Annie Lennox
Call Me Irresponsible - Bobby Darin
Where Love Has Gone - Bobby Darin
Bali Ha'i - Peggy Lee

Original Motion Picture Score - Thomas Newman

53 Miller, Drew: *A Kiss After Supper. American Beauty.* In: http://www.stylusmagazine.com/articles/a_kiss_after_supper/american-beauty.htm (Stand Oktober 2009).

8. English Abstract

American Beauty, the first film by British director Sam Mendes, was released in 1999. It is based on Alan Ball's screenplay and was made with major contributions by director of cinematography Conrad L. Hall who developed its unique visual style together with Mendes. While preparing production, Hall and Mendes consulted paintings by Grant Wood ("American Gothic"), René Magritte and Edward Hopper whose creative influence on the film can clearly be seen. (Cf. p. 9–11.) During post-production Mendes made some major changes to the original concept of the movie, especially by excluding a frame story about a court trial that had been fully filmed and in which Ricky and Jane are charged with having murdered Lester.

Production

Thematic Elements

The film is set in an upwardly mobile neighbourhood on the outskirts of an unnamed town somewhere in the USA. It is representative of "suburbia", the sprawling and uniform world of single family homes that covers much of the American landscape today and where the majority of middle class-citizens live. Suburbia once was and for many still is a symbol of material success and social status. It also carried the promise of a Garden Eden where you live peacefully and quietly in your own home far away from the dangerous and unhealthy city. *American Beauty*, however, joins a long tradition of cultural criticism when it presents suburbia as a place where the American Dream has been reduced to consumerism and an ideology of personal success. Lester Burnham

Suburbia

and other characters are weary of life in suburbia which is characterized by sameness, standardization and conformity. This and its calm and lack of urbanity deprive people of the richness and complexity of experience that they are capable of. Here many inviduals like Angela fight hard to be "singular" and not just another "ordinary" face in the crowd.

Traditional manhood and suburbia

American Beauty also raises the question of what happens to traditional American manhood in suburbia. For nearly two hundred years, the dominant ideal of masculinity in the USA has been the "self-made man". It is based on the notion that everyone who is dedicated and hard-working can rise quickly out of simple beginnings and achieve success. The version of the self-made man most cherished by Americans even today is the frontiersman who found perfect conditions for his ambition in the vast unexplored regions of the American West in the 19th century. Now the frontier has become a myth that many American men strongly relate to even though most of them nowadays live in an environment that is hostile to the self-made man. Suburban sprawl continues to destroy what remains of the wilderness. In the homogeneous world of suburbia, many men who would rather be independent American spirits, lead the uneventful life of office workers and consumers and in the case of Lester feel like a "fucking prisoner" or a "whore for the advertising industry". The so-called "male dilemma" has been aggravated by recent social trends, especially by the emancipation of women which constrained the role of men even further. Buddy Kane, Frank Fitts and Lester Burnham try to keep to traditional concepts of manhood, each in their own ways, but their attempts only lead them into isolation or even self-destruction. Yet shortly before his death, Lester becomes a new kind of man when he develops tenderness for both Jane and Angela and stops being focused only on himself and on competition and control. Now his maleness encompasses a wider range of human possibilities.

Most characters in *American Beauty* strive hard to be recognized and respected as individuals. But as they don't believe that this is possible on the strength of their real personality, they artificially enhance their public persona. Suburbia is presented as a world that is impressed by surface appearances rather than by the true substance of people or things. People either "project an image of success at all times" or they become "losers" like Lester and fall down the social ladder. For Carolyn her obsession with her image has taken on a life of its own and she does not even spare her own family. Her self-esteem is tied to the status symbols she has acquired like the Italian designer sofa and to the rituals she performs at the dinner table which have become more important than human relationships. In such an environment everybody needs to distrust themselves as well as everybody else. Nobody ever feels at ease because there is a general feeling that the whole world of appearances is deceptive. Society falls apart if people like Carolyn make it their motto that "You cannot rely on anyone except yourself". The contrast between illusion and reality in the characters' lives especially becomes apparent with regard to their sexuality. The spectrum of expressions of sexual identity tolerated by society is very narrow, homophobia is a widespread attitude. Ironically Jim and Jim seem to be the only inhabitants of Robin Hood Trail with a happy relationship. Most others remain sexually frustrated or revert to adultery, voyeurism or, as in Lester's case, they fantasize about illicit sex with a teenager. But the repression of sexual desire and the channelling of sexual energies into other activities like work

Obsession with surface appearance

Repression of sexual desire

cause people to suffer and some even become vicious. This theory can especially be applied to Frank Fitts, the "gay gay-basher"[54], whose suppression of his true sexual self has turned him into a ticking bomb waiting to go off. *American Beauty* considers sexuality "as a source, if not the source, of genuine goodness in life", and the "emotional thaw or breakthrough to a better life"[55] at the end is caused by an acceptance of undistorted sexuality even though for Frank Fitts and others it comes too late.

Beauty is another important theme. The film contrasts two types of beauty the first one being the superficial kind that people adorn themselves with to impress other people. As part of the world of appearances it is tricky and cannot be trusted. Furthermore, in suburbia it is difficult to use beautiful objects to distinguish oneself from the rest of the world because even if they are expensive they are usually standardized and trivial. The other kind of beauty is the one that Ricky finds everywhere whenever he takes time and "looks closer", even in a windblown plastic bag. This transcendental beauty carries with it epiphanies, i. e. moments of sublime lucidity when truth is suddenly revealed.

Two kinds of beauty

Characters

Lester Burnham, the protagonist of *American Beauty*, is an average middle-class family father without an elaborate backstory. We know that he was happy once and loved his wife. At some point in his life he bought into the American Dream in the form of a well-paid job and a big house in the suburbs. But now in middle age

Lester Burnham

54 Indick, loc.cit.
55 Willard, loc. cit.

he feels alienated by the feverish pursuit of success and prestige that he sees everywhere. In addition to that, his marriage has become loveless and he hasn't had sex with his real estate-broker wife Carolyn for a long time. In the course of the movie, Lester goes through two transformations until he finally finds happiness again. After developing an infatuation with his teenage daughter's schoolfriend and blonde cheerleader Angela, Lester quits his job and goes through a phase in which he regresses into adolescence, smoking pot and avoiding responsibility of any kind. When he learns that Angela is a virgin and he discovers the disparity betwen his erotic fantasy and reality, he changes again and acts like a responsible grown-up. For the short period of time that he is still alive he becomes the fond father Jane and possibly Angela had always wished for. The character is largely modeled on actor Kevin Spacey's screen persona. Lester may be an Everyman but not the decent and innocent type that Tom Hanks would have delivered. He is sarcastic, eccentric and often disarmingly honest. Like other Spacey characters Lester even demonstrates some bad boy-qualities and well deserves Brad's remark: "Man, you're one twisted fuck."

Carolyn Burnham

Carolyn Burnham sometimes seems like a satirical caricature of a career woman. She appears "phoney" and lacks warmth. Yet Annette Bening who is specialized in playing ambiguous characters succeeds in raising the question whether Carolyn is frustrated and obsessive because she is too ambitious or whether she is ambitious because she is frustrated. She is not less desperate than the other characters but instead of fleeing from the emptiness of materialist society she tries to ease her pain by chasing ever more restlessly after what causes the suffering. In the past Carolyn was easygoing and full of joy. There are many hints that she now suppresses her true personality. At the end, after she has lost her illusions, she seems ready to return to her former self, but she cannot tell Lester what is on her mind because he is already dead when she arrives back home.

Jane Burnham

Jane Burnham is an insecure teenager. She is embarrassed because she considers her parents "freaks" and because her father acts like a "horny geek-boy" lusting after her friend Angela. Jane is also jealous because she would like to be as important to Lester as Angela is. Altogether she is afraid that she will develop psychological damage having parents who don't act like role models. Only when she meets Ricky and falls in love with him she starts to learn important lessons about life and she stops being impressed by surface beauty like Angela's. When Ricky asks her to escape to New York with him she doesn't have to think twice.

Angela Hayes

Angela's second name (Hayes) is a reference to Dolores Haze, better known as Lolita, the title character of Vladimir Nabokov's novel *Lolita* (1955) which deals with a middle-aged man's passion for an underage girl. But rather than being an innocent "nymphet" like Dolores, Angela provocatively plays the role of the teenage sex siren to attract attention. Her greatest fear is that she is "ordinary", she dreams of a glamorous life as a model. She talks about sex all the time yet remains cool and passionless. Ricky makes her insecure because he sees through her disguise. After a confrontation with him her true character surfaces again; she is a lonely girl in need of affection.

Frank Fitts

Frank Fitts is a former Marine officer who has homosexual inclinations which contrast sharply with his self-perception as a man. That is why he founded a conventional family, but repressing his sexual identity has made him mean and sadistic. He can only express himself by violence, and he is fascinated by guns and even by the Nazis. Finally Frank's emotional armor cracks and he is not able to keep his desire under control any longer. But he misjudged the situation and when Lester rejects his advance, Frank is deprived of all his defense mechanisms. Being openly confronted with his homosexuality is so painful for Frank that he needs to kill Lester.

Ricky Fitts

Because of his upbringing that involved stays at military school and at a psychiatric hospital where his father sent him to teach him "structure and discipline", Ricky Fitts is a young man who is prematurely wise and world-weary. He uses his camera to understand the world and to "look closer". This way he finds moments of truth and beauty in ordinary situations and he reaches out to people. Ricky has more than one function in the film. Sometimes he is an authorial voice saying what the screenwriter and the director obviously wanted to say for themselves. Furthermore Ricky is Lester's "Re-Animator", in dramaturgical terms he is the protagonist's helper, the character who supports the hero with his task and gives him advice. He also is a charismatic teacher for several characters in the film and for the audience. Without doubt Ricky has traits of a saviour figure in a world longing for salvation.

Narrative Strategies

Point-of-death-narration

American Beauty is one of the few examples of "point of death-narration" in film. Lester Burnham tells the story of the last year of his life sometimes expressing his thoughts by voice-over. He becomes a narrator in the tiny fraction of time between the shot from Frank Fitts' gun and his death. This is possible because, as Lester explains, the last second of someone's life "stretches on forever, like an ocean of time". So the event that in the context of normal logic causes his death actually makes him immortal. The audience witnesses Lester's "apotheosis"[56]: his elevation to a quasi-divine status which enables him to experience eternal beauty. That is the reason why, at the point of death, Lester is not the human being he used to be any more. He is totally relaxed because he has shed the burdens of his ego. Lester narrates his story from a higher level of insight.

The film uses a variety of narrative and cinematic techniques to express the "ocean of time" that Lester experiences. His narration is not really retrospective, he reduces temporal distance for example by speaking in the present tense about past events in his voice-over. By the way time is treated in *American Beauty*, "the present moment is enriched, or fattened, to contain the past moment and future moments, without any division between the temporal zones"[57]. By envisaging time not as linear, one-directional and irreversible but as multi-layered and circular, the film puts our fear of the passage of time into perspective and it opposes today's obsession with clocks and measuring time.

Multi-layered time

The narrator attacks suburbia and materialism in other ways as well. He follows the instruction contained in the movie's tagline ("look closer") by systematically examining the illusory surface of things and people and then revealing the banal truth beneath it. The unmasking of hidden truths and identities is also an effective means of providing the film with plot twists and turning points. For these purposes the narrator uses various kinds of irony. In fact, there are so much disillusionment and irony in *American Beauty* that it is justifiable to say that the narrator is filled with

"Look closer"

56 Eshelman, loc. cit.
57 Furby, loc. cit.

"Cosmic irony"

"cosmic irony", a philosophical attitude which goes far beyond mere criticism of consumer society and is founded on scepticism about mankind in general. However, the narrator's irony is only sharp until a character's falsehood has been exposed. Immediately after they have been stripped of their illusions and appear vulnerable he starts to show compassion towards them.
In several instances the narrator deliberately misleads the viewer, for example when he makes it safe to assume that Ricky and Jane (and later Carolyn) killed Lester or that Angela is experienced far beyond her age. This is a way of pulling us into the world of false surface appearances that the characters live in. We share the characters' experience that something which seems true at the time may be just another illusion.

Visual Design, Cinematography and Editing

The "looks" of *American Beauty*

The visual concept of the film depends on a combination of four distinct looks[58] of which the "American Gothic-look" is the most extensively used one. It presents suburbia as a familiar yet strange and artificial-looking place. Static camera shots predominate as well as vertical lines, muted colours, polished surfaces and cold and symmetric design. People seem to be confined in narrow spaces or between expensive pieces of furniture thus expressing how imprisoned they feel. In the course of the film threatening shadowplay and high-contrast lighting increasingly become a part of this look indicating the inner turmoil and troubled psyche of some of the characters. Dark sections dominate the images of the "Surrealist look" of *American Beauty*, too. It uses fluid camera movement as well as slow motion, jump cuts and repetitions

58 Cf. Geffner, loc. cit., Kemp, loc. cit. and Points, loc. cit.

that temporarily suspend our customary sense of time. This look gives access to Lester's subconscious mind and confronts the audience with dreamlike sceneries which reflect his suppressed emotions and unfulfilled longings. With its digitally manipulated imagery the "Surrealist look" is in contrast to the "Amateur video-look" whose jittery and grainy images were filmed by director Sam Mendes and actor Wes Bentley during the rehearsal periods. It is deliberately made to appear unprofessional and represents Ricky's attempts at "looking closer". Furthermore it strengthens the reality effect of *American Beauty* and it adds a self-reflexive element to the film. By suggesting that Ricky's amateurish films are able to penetrate the surface of suburban society and that they contain truth and beauty, the filmmakers indirectly cast doubts on the value of the more elaborately made images of the movie. Finally, in the last three minutes, there is a special "Point of death-look" that tries to capture Lester's mind at a time when it is finally seeing the whole world "all at once". After he has been shot, all spatial and temporal restrictions disappear. Dissolve transitions, circular movements and a long slow tracking shot from left to right soften the viewer's initial fright about Lester's death. The tracking shot reverses the "wrong" direction of the preceding tracking shot that showed the murder and its sweeping style emphasizes the sublime beauty of the world.

Motifs

The themes of the film are reflected in several complex interwoven motifs. Each motif is constructed in a way that indicates the ambiguity and the uncertainties of suburban life. Depending on context the colour red may either signify the materialist conception of life and superficial beauty or the true life and transcendental beauty. Another example is the rose which has thorns in the Burnhams' yard but does not have any in Lester's erotic dreams. Other important motifs that the film explores are mirrors, laughter and smiling, and windows/doors/stairs. Water as the element of life dominates the last sequences of the film which are staged like a great flood. In the rain, which is an image of the unfreezing of emotions, everyone is trying to reach the Ark in time.

Music

Score

The music is a mixture of an original score composed by Thomas Newman and a soundtrack of previously released pop songs. The score with its funky rhythms, exotic instrumentation and sound effects perfectly fits the eccentric and driven protagonist of the film. It also resembles "new age world music" thus expressing alienation caused by suburban life.[59] There are three leading motives each of which is associated with one of the "looks" of the film.

Pop music soundtrack

The soundtrack is used by the narrator to comment on the characters and themes, often ironically. The musical style and the lyrics of each song are carefully coordinated with the scenes they appear in. In addition to that, the soundtrack adds a historical dimension to the film experience as it assembles pieces from various periods of pop music since the late 1940s. The two most important layers are constituted by big band standards from the fifties and early sixties and by rock songs from the counter-culture movement of around 1970. This way *American Beauty* effects a "cosmic copulation"[60] of two totally different eras, the former reminding us of the optimism of postwar American capitalism and consumerism while the latter rejects the very same values.

59 Cf. Clemmensen, loc. cit.
60 Cf. Miller, loc. cit.

Critical reception

American Beauty enjoyed immediate success with film critics and the public when it came out in 1999. Ian Nathan's view that the movie is "an incisive, deliriously funny and profound vision of the American Dream hitting meltdown"[61] is representative of the verdicts offered by many other reviewers as well. The *San Francisco Chronicle* called it "a wonder of a film – a luminous, beautifully executed drama that gathers the best cast of the year and marks a sensational screen debut for Sam Mendes"[62]. Other superlatives were heaped on the film by the *New York Observer*: "*American Beauty* is so brilliantly acted, written, directed and visualized that for all its despondency and despair, it is a lot of fun"[63]. Generally the film was considered as one of the rare cases where entertainment and art perfectly merge. Sometimes however, it was accused of containing a certain amount of implausibility and exaggeration and also of trying to deal with too many themes at the same time. A few critics objected to the portrait of working mother and wife Carolyn Burnham as stereotypical and prejudiced. Like *Fight Club* or *The Truman Show*, *American Beauty* proved that Hollywood is capable of making controversial movies with artistic credibility and because of that it has had considerable influence on the way movies are made today.

61 Nathan, loc. cit.

62 Guthman, Edward: *Breathtaking "Beauty"*. In: *San Francisco Chronicle*. September 17, 1999. Im Internet: http://www.sfgate.com/cgi-bin/article.cgi?file=/chronicle/archive/1999/09/17/DD106066.DTL&type=movies (seen October 2009).

63 Sarris, Andrew: Married With Cynicism, Until Death Them Part. In: *New York Observer*. September 19, 1999. Im Internet: http://www.observer.com/node/41987 (seen October 2009).

Literatur

Material zu *American Beauty:*

Film *American Beauty*. DreamWorks Home Entertainment, 2006 (DVD).

Ball, Alan: *American Beauty: the Shooting Script.* New York: Newmarket Press, 1999.
[Diese Drehbuchfassung ist nur ein herkömmliches Transcript des fertigen Films; ein Shooting Script ist eine Arbeitsfassung, die detaillierte Anweisungen für die Kameraführung usw. enthält.]

Newman, Thomas: *American Beauty (Score).* Geffen/Universal, 2000 (Audio-CD)

Various Artists: *American Beauty (Soundtrack).* Geffen/Universal, 2000 (Audio-CD)

Literatur über *American Beauty*:

Clemmensen, Christian: *American Beauty (Thomas Newman).* http://www.filmtracks.com/titles/american_beauty.html?page =print
[Über den Score]

Fenshawe, Simon: *Sam Smiles.* http://www.guardian.co.uk/film/2000/jan/22/features.weekend

Frenken, Wiltrud; Luz, Angela; Prischtt, Brigitte: *American Beauty.* Paderborn: Schöningh, 2001 (Reihe EinFach Englisch: Unterrichtsmodelle).

Furby, Jacqueline: *Rhizomatic Time and Temporal Poetics in "American Beauty".* In: Film Studies. No. 9 (Winter 2006), S. 22–28. Im Internet: http://www.manchesteruniversitypress.co.uk/uploads/docs/FS903.pdf

Geffner, David: *Smells Like Suburban Spirit.* http://www.cameraguild.com/index.html?magazine/stoo500.htm ~ top.main_hp

Hole, George: *"American Beauty": Look Closer.* In: Kimberley A. Blessing and Paul J. Tudico (Hrsg.): Movies and the Meaning of Life. Philosophers Take On Hollywood. Chicago: Open Court, 2005, S. 153–168.

Kemp, Philip: *Sam Mendes' "American Beauty": The Nice Man Cometh.* In: Sight and Sound, January 2000, S. 24–27.

Laytham, D. Brent: *Time for Hope: "The Sixth Sense", "American Beauty", "Memento", and "Twelve Monkeys".* In: Emily Griesinger and Mark Eaton (Hrsg.): The Gift of Story: Narrating Hope in a Postmodern World. Waco, Texas: Baylor University Press, 2006, S. 69–83.

Miller, Drew: *A Kiss After Supper. American Beauty.* http://www.stylusmagazine.com/articles/a_kiss_after_supper/american-beauty.htm
[Über die Songs im Soundtrack]

Points, Jeremy: *Studying American Beauty: Student Edition.* Auteur: Leighton Buzzard, 2008.

Rezensionen:

http://uk.rottentomatoes.com/m/american_beauty/
http://www.metacritic.com/video/titles/americanbeauty?q =American%20beauty
[Beide Internet-Dienste sammeln Links zu Rezensionen aus allen bedeutenden Publikationen.]

Literatur zum thematischen Hintergrund:

Baker, Brian: *Masculinity in Fiction and Film. Representing Men in Popular Genres, 1945–2000.* London/New York: Continuum, 2006.

Beuka, Robert: *SuburbiaNation. Reading Suburban Landscape in Twentieth Century American Fiction and Film.* New York: Palgrave Mcmillan, 2004.

Hayden, Dolores: *Building Suburbia. Green Fields and Urban Growth, 1820–2000.* New York: Vintage Books, 2004.

Indick, William: *Movies and the Mind. Theories of the Great Psychoanalysts Applied to Film.* Jefferson, N.C.: McFarland, 2004.

Kimmel, Michael S.: *Manhood in America: A Cultural History.* New York: The Free Press, 1996.

Kimmel, Michael S. and Aronson, Amy: *Men and Masculinities: A Social, Cultural and Historical Encyclopedia.* Illustrated edition. Santa Barbara, California: ABC-CLIO, 2004.

Menninghaus, Winfried: *Das Versprechen der Schönheit.* Frankfurt a. M.: Suhrkamp, 2003.

Putnam, Robert D.: *Bowling Alone. The Collapse and Revival of American Community.* London: Simon & Schuster, 2001.

Walsh, Bryan: *Recycling the Suburbs.* In: Time, March 23, 2009, S. 28.

Filmanalyse:

Boggs, Joseph M. u. Petrie, Dennis W.: *The Art of Watching Films.* New York: McGraw-Hill, ^{7}2008.

Munaretto, Stefan: *Wie analysiere ich einen Film?* Hollfeld: Bange, ^{2}2009.

Bildquellen

Bildteil: Filmfotos

[© Cinetext]

Abb. 1: Ein künstliches Lachen für die oberflächliche Schönheit von Suburbia; alles ist hier zu groß, zu sauber, zu künstlich.

Abb. 2: Lester zwischen zwei Lebensentwürfen, die sich im Design widerspiegeln: die rote Tür mit einem Schirm aus Glas beherrscht das Zentrum; gestutzte Natur, Gitterformen und Blassblau dominieren die Ränder.

Abb. 3: Jane ist das einzig Lebendige in diesem starren, symmetrischen Tableau; umgeben von Schatten wirkt sie wie eine Heilige.

Abb. 4: Lester lässt sich von dem Glanz von Suburbia nicht mehr blenden; die Wahrheit über die Figur liegt im Schattenbereich des Bildes.

Abb. 5: Durch das Fenster mit seinen Gittersprossen stellt die Kamera den Kontakt zwischen Rickys dunklem Gefängnis und dem hellen Leben her.

Abb. 6: Verführung und zugleich Vorausdeutung auf den Tod: Lester wird an seinem letzten Abend eine Jacke tragen, deren Farben und Muster an Angelas Cheerleader-Kostüm erinnern (vgl. Abb. 16).

Abb. 7: Für die Visualisierung von Lesters erotischen Fantasien wurden mehrere Hundertausend echte und künstliche Rosenblüten verbraucht.

Abb. 8: Vater-Tochter-Gespräch im „American Gothic-Look“: Schattenspiel und kontrastreiche Beleuchtung erinnern an den Film Noir.

Abb. 9: Rickys Videokamera dringt unter die Oberfläche von Suburbia; durch Wiederholung und Variation von Bildern (vgl. Abb. 8) erfolgt eine „Anreicherung" der Zeit.

Abb. 10: Wenn Carolyn allein ist, entfällt die Maskerade; die Szene enthüllt, wie obsessiv und unausgeglichen sie ist.

Abb. 11: Die Garage ist Lesters Rückzugsort für seinen Trip in die Jugend; hier demonstriert er Stärke und neue Männlichkeit; die Hantel ist wie ein Riegel gegen Carolyn ins Bild gesetzt.

Abb. 12: Bei den Burnhams ist mehr Lockerheit eingekehrt, die starre Ordnung löst sich langsam auf; aber noch steht etwas zwischen den beiden; Carolyn triumphiert, und Lester provoziert.

Abb. 13: Blaue vertikale Streifen und ungemütliches Design: Das Sofa repräsentiert die Welt, in der Carolyn gefangen bleibt und in der sie sich nicht von Lesters neuen Selbstbewusstsein überraschen lässt.

Abb. 14: Lester wird zunehmend exzentrisch; das glückliche Lächeln zum traurigen Leben bekommt er bei Mr Smiley's.

Abb. 15: Der rote Firebird (Zeichen für Vitalität, Leidenschaft) dominiert jetzt den Vorstadt-Gartenzaun (Konformität, Erstarrung); im Regen kommen Frank Fitts' Gefühle ins Fließen. Er ist reanimiert, bewegt sich aber wie ein Zombie.

Abb. 16: Eine weitere Variation von „Lester am Tisch“; diesmal bevor der Schuss fällt. Im Licht sitzend, mit einem milden Lächeln und den flügelähnlichen Schulterteilen seiner Jacke, wirkt er wie ein Engel.